KB128979

학령기 아동의 언어치료를 위한

1 받침이 없는 낱말

학지사

한글을 효과적으로 습득하기 위해서는 체계적인 읽기 원리에 바탕을 둔 학습이 이루어져야 합니다. 즉, 낱말 이해(의미), 낱말 소리(발음), 낱말 구성(철자)이라는 세 가지 요소가 동시적으로 고려된 학습이 이루어져야 한다는 의미입니다. 이러한 체계적 읽기 원리에 바탕을 둔 통합적 접근은 자연스럽고 효과적으로 한글을 습득할 수 있게 합니다.

읽기를 지도하는 방법은 여러 가지가 있습니다. 전통적인 방법으로는 자음과 모음의 형태와 소리를 알려 주고 그것의 결합 원리를 가르치는 발음 중심 접근법(phonics approach: ㄱ+ㅏ=가)이나, 쓰기훈련을 통해 발음 원리를 익히는 방법이 있습니다. 또한 새로 배울 낱말의 의미와 내용을 강조하는 동화를 읽어 주기 전에 플래시 카드로 낱말을 미리 보여 주고, 문장과 그림의 설명으로 확인해 보는 총체적 낱말지도법(whole-word approach)이나, 학생들로 하여금 자신이 쓴 이야기를 읽게 하는 언어 경험 접근법(language experience approach)도 있습니다. 특별한 읽기지도 방법으로는 새로 나온 낱말을 발음하면서 모래판 등에 글씨를 써 보거나 점토로 글자를 만들어 보며 익히는 다다감각 접근법(Fernald method), 손가락 등으로 글자를 쫓아가면서 지도자의 소리와 자신의 소리를 들으면서 글을 읽는 신경학적 각인법(neurological imprinting)도 있습니다. 또한 음운인식 능력과 명명속도의 결함이 읽기장애를 예측하는 변인으로 밝혀지면서 음운인식 훈련과 명명속도 훈련법도 특별한 읽기지도 방법에 포함되었습니다.

저는 15년간 언어치료를 해 오면서 한글공부를 오랫동안 했지만 한글 습득이 안 된다는 난독증 아동, 글자를 읽을 수는 있지만 무슨 뜻인지를 모르는 지적장애 아동, 늘 남아서 받아쓰기를 하다가 학습에 흥미를 잃어버린 학습부진 아동 등, 한글학습에 어려움이 있는 아동들을 많이 만났습니다. 그리고 이들에게 한글지도를 하면서 느꼈던 전통적인 방식의 한계들을 극복하고자 읽기이론과 체계에 대하여 연구하였습니다. 특히 읽기장애 아동의 특성을 이해하여 음운인식 훈련과 명명속도 훈련 등 원인별 맞춤 지도 방법들을 시도하고 연구하였습니다.

하지만 읽기장애 아동에게 단편적인 원인론적 접근은 어느 정도의 개선을 가능하게 하나, 완전한 한글 습득을 돕는 데는 한계가 있었습니다. 음운 인식이나 명명 속도에 결함이 있는 읽기장애 아동들의 약점을 보완하는 것만으로는 눈에 띄는 향상을 기대하기 어려웠던 것은 물론이고, 읽기 동기 자체가 약해지는 결과를 낳을 뿐이었습니다. 한글 습득은 조금 이해되면 다음 과정으로 넘어갈 수 있는 문제가 아닌, 100% 이해되어야 하는 기초학습능력입니다. 따라서 조금 향상된 결과만으로는 효과적인 해결책이라 제시하기 어렵습니다.

그러나 이 책에서는 단편적인 접근이 아닌, 낱말 이해(의미), 낱말 소리(발음), 낱말 구성(철자)의 세 가지 요소를 동시적으로 고려한 통합적 접근으로 한글지도가 이루어지기 때문에 완전한 한글 습득이 가능합니다. 또한 이론을 토대로 개발하여 임상현장에서 5년간 소리나라의 언어치료사들과 아동들이 실제로 활용하며 보완・발전시켰습니다.

사용 매뉴얼을 읽어 보면 특수교사나 언어치료사들뿐만 아니라, 부모님과 일반교사들도 손쉽게 지도할 수 있음을 알 수 있습니다. 이 책을 통해 아동들이 재미있게 한글공부를 하고, 자연스럽게 한글을 익혀 가는 모습을 지켜보실 수 있을 겁니다.

임상현장에 있으면서 국내에는 한글지도를 비롯하여 특별한 어려움을 가진 아동들을 위한 교재가 다양하지 못한 점이 늘 아쉬웠습니다. 그래서 박사과정을 시작할 때, 올바른 학문적 토대 위에 임상현장에서 손쉽게 적용할 수 있는 교재를 만들고 싶은 꿈을 꾸었습니다. 한글공부를 어떻게 시켜야 할지 막막하신 부모님들, 쉽고 재미있게 한글지도를 하고 싶은 선생님들, 체계적으로 한글지도를 돕고 싶은 치료사들 모두에게 이 교재가 유익한 도움이 되길 바랍니다.

통합적인 접근에 의한 한글지도서인 『학령기 아동의 언어치료를 위한 소리나라 한글 배우기』(1~4권)가 만들어질 수 있도록 이끌어 주신 김자경 교수님께 감사드립니다. 여러 차례 수정될 때마다 임상연구를 맡아 주신 소리나라 언어치료사 은정, 혜선, 민혜, 혜은, 윤정, 신혜와 끝까지 응원해 준 남편과 아이들에게도 감사를 전합니다. 마지막으로, 나누기 위해 배워야 한다는 가르침을 주신 목사님들과 하나님께 감사드립니다.

글자를 익히기 위해서는 의미(낱말 이해), 발음(낱말 소리), 철자(낱말 구성)의 구성 원리를 인식하는 과정이 통합적으로 잘 이루어져야 합니다.

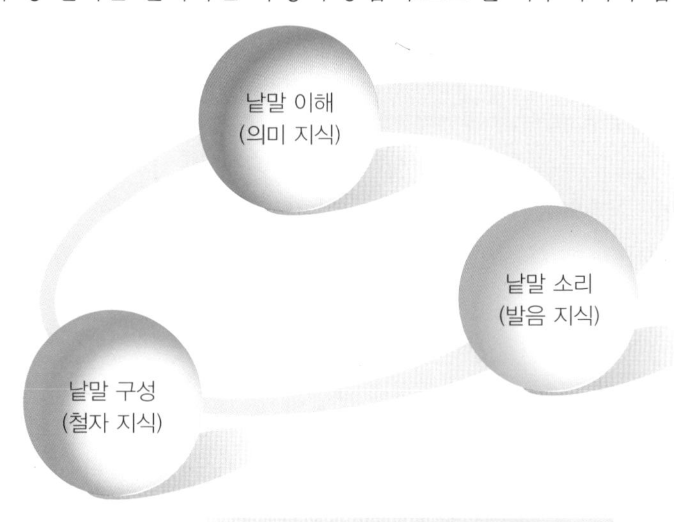

Seidenberg & McCelland (1989).

숙련된 읽기는 의미 지식, 발음 지식, 철자 지식이 조화를 이루며 고도로 상호작용하여 이루어진 결과다 (Adams, 1990).

1. 한글교육은 아동이 의미를 알고 있는 낱말로 시작해야 합니다

일상생활에서 자주 들어 알고 있는 낱말에 대해서는 그 '의미'와 지칭하는 '발음'에 대한 인식이 이루어져 있기 때문에 글자를 익히기에 유리합니다. 낱말그림을 보고 '사과'라고 읽는 것은 의미과정에서 발음으로 이어지는 과정이고, 철자를 보고 '사과'라고 읽는 것은 해독과정에서 발음으로 이어지는 과정으로, 각각 분리되어 있는 것 같지만 글자와 낱말그림의 의미가 이해되는 과정이 통합되지 않는다면 장기기억으로 이어지지 않습니다.

2. 낱말 그림과 글자를 대응해 봄으로써 한글의 구성 원리를 이해할 수 있습니다

글자는 자음, 모음을 분리해서 익히는 것보다는 먼저 의미와 발음을 인식하고 있는 낱말을 글자와 대응해 보며 한글의 구성 원리를 인식하는 과정을 친숙하게 해 주는 것이 좋습니다. 종종 한글을 배울 때 따라쓰기를 시키는 경우가 있는데, 그림과 글자를 대응해 보고 해당 낱말에 대한 글자가 어떻게 이루어졌는지에 대한 시각적 기억이 이루어지지 않은 수준에서의 따라쓰기는 큰 효과가 없습니다.

각 권의 1단계는 글자의 시각적 기억을 돕는 단계로, 낱말그림과 글자를 대응하도록 구성되어 있습니다. 더 많은 연습이 필요할 경우에는 부록의 그림과 글자를 잘라 맞추기 게임처럼 활용해도 좋습니다. 이 단계에서는 낱말의 소리를 말하게 하는 것보다는 들려주는 것에 중점을 두는 것이 효과적입니다.

3. 읽기능력은 명명 속도와 관련 깊습니다

각 과제별 낱말그림과 글자를 대응하는 단계를 마치면 명명하기 과제가 주어집니다. 사물 명명하기(재인능력)는 읽기 기초능력을 향상시켜 줍니다. 1권의 경우, 사물 명명(그림 명명) 과제와 사물-글자 명명 과제를 따로 제시함으로써 이 과정에 더욱 충실할 수 있도록 하였습니다.

4. 글자를 보고 자동적으로 읽을 수 있을 때까지 연습해야 합니다

글자를 완전히 익히기 위해서는 "저 글자는 어떻게 읽지?"라고 물어본 후 아동이 조금도 주저함 없이 자동적으로 읽을 수 있을 때까지 반복해야 합니다. 2단계(1권의 경우는 3단계)는 낱말그림과 글자가 임의로 배열되어 있습니다. 처음부터 읽어 보라고 하는 것보다는 우선 낱말그림이나 글자를 찾아보는 게임으로 시작하면 좋습니다. 예를 들어 "사과는 어디 있지?"라고 물으면 아동이 낱말그림이나 글자를 찾도록 할 수도 있고, 낱말그림을 짚으며 "이 그림의 글자는 어디 있지?" 등으로 1단계의 복습처럼 도입하면 좋습니다.

그다음에는 낱말그림과 글자가 임의로 배열되어 있는 것을 하나씩 손으로 짚으며 '따라 말하기'를 한두 차례 합니다. 익숙하지 않은 과제에 대해 테스트만 많은 경우 그 자체로 흥미를 잃게 만들 수 있기 때문에 스스로 익숙하게 읽을 수 있을 때까지는 '따라 말하기'나 '같이 말하기' 활동을 반복해 주어야 합니다. 아동 스스로 읽는 것이 가능해지면 자동적으로 읽을 수 있을 때까지 반복연습을 하면 됩니다. 명명 속도는 18개의 명명과제를 15~25초 사이에 읽을 수 있으면 적절합니다.

5. 낱말의 의미와 소리를 익힌 다음에는 낱말을 제대로 익혔는지 확인하는 복습 과정이 필요합니다

4개의 과제가 끝날 때마다 1권에서는 낱말 빙고 활동을 2, 3권에서는 음절 변별과 음성 합성의 음운인식훈련을 구성하여 익힌 낱말에 대해 복습할 수 있도록 하였습니다. 4권에서는 철자를 바르게 익혔는지 확인하기 위해 비슷한 글자 중에서 알맞은 글자를 변별해 내는 과정을 두었습니다. 즉, 거짓낱말을 제시함으로써 시기억에 대해 확인할 수 있게 하였습니다. 이 과정에서 비슷한 오류가 반복되는 경우, 도형 변별력을 높여 주는 칠교놀이 등의 활동을 병행하는 것이 도움이 될 수 있습니다.

6. 효과적인 학습을 위해 한 회기당 6개의 낱말로 구성했습니다

연구에 의하면, 한 번에 5~7개의 낱말을 익히는 것이 가장 효과적이라고 합니다. 너무 많은 양이 제시되면, 한 개의 낱말도 제대로 익히지 못하는 결과를 초래합니다. 그리고 제시하는 낱말 중에 이미 알고 있는 낱말이 40~70% 포함되어 있을 때 최적의 학습이 이루어진다고 합니다. 따라서 1, 2권은 아동이 한글학습에 흥미를 잃지 않도록 낱말을 반복 구성하였습니다.

7. 읽기능력은 음운인식능력과 관련 깊습니다

음운인식능력이란 '/사과/에서 /사/ 소리를 빼면 어떤 소리만 남을까? (/과/)' '/바/에 /ㄹ/을 더하면 어떤 소리가 될까? (/발/)'와 같이 발음을 조합하고 구성하는 능력입니다. 한글 습득을 힘들어하는 아동들은 대체로 음운인식능력이 낮은 편입니다. 음운인식훈련을 용이하게 하기 위해서는 친숙한 낱말그림과 같은 힌트가 제공될 필요가 있습니다.

1, 2, 3권에서는 4개의 과제를 마칠 때마다 그동안에 배운 낱말을 활용하여 음운인식훈련을 하도록 구성되어 있습니다. 한 과제에서 다루는 6개의 낱말은 음절 변별을 할 수 있도록 첫음절과 끝음절이 동일한 낱말 2개씩을 포함하여 구성하였습니다. 한글을 익히는 데 있어 음운인식훈련이 필요하지만 한글을 처음 익히거나 한글 습득이 곤란한 읽기장애 아동의 경우에는 음운인식훈련에 지나치게 초점을 두는 것은 바람직하지 않기 때문에 1권에서는 음운인식훈련으로 음절 변별 과제만을 구성하였습니다.

8. 음운 변동이 일어나는 원리가 같은 낱말끼리 묶어 학습하는 것이 좋습니다

기초적인 자모지식을 획득하려면 한글에 대한 의미-발음-철자에 대한 통합적인 교육이 바탕이 되어야 합니다. 그러고 나서 음운 변동이 일어나는 낱말을 학습해야 읽기 유창성이 완성될 수 있습니다. 이때 음운 변동이 일어나는 원리가 같은 낱말을 함께 익히는 것이 효과적입니다. 4권은 연음법칙(낙엽-/나겹/), 구개음화(해돋이-/해도지/), 비음화(목마-/몽마/), 된소리화(보름달-/보름딸/)를 보이는 낱말들로 묶었으며 그림으로 표현될 수 있고 음운 변동이 일어나는 대표적인 낱말로 구성하였습니다.

〈각 권별 구성〉

『학령기 아동의 언어치료를 위한 소리나라 한글 배우기』는 총 4권으로, 각 권의 구성은 다음과 같습니다.

- 1권은 받침이 없는 낱말, 2권은 받침이 있는 낱말로 이루어져 있고, 1, 2권의 낱말은 유치원 교육과정에 포함되어 있습니다.
- 3권은 글자와 소릿값이 같은(음운 변동이 일어나지 않는) 낱말, 4권은 글자와 소릿값이 다른(음운 변동이 일어나는) 낱말과 문장으로 구성되어 있고, 3, 4권의 낱말은 초등학교 1~2학년 교육과정에 포함되어 있습니다.
- 2, 3권은 친숙한 동요의 가사를 포함하여 짧은 글을 읽어 보는 활동을 해 볼 수 있도록 구성되어 있습니다.

TIP
- 각 권의 낱말을 90% 이상 습득한 후 다음 권으로 넘어가는 것이 좋습니다.
- 복습 방법은 각 과제를 두 번씩 다루기, 4개의 과제가 끝날 때마다 재복습하기, 모든 과제를 마치면 처음부터 다시 해 보기 등이 있으며, 아동의 흥미도에 따라 선택하시면 좋습니다.

참고문헌

Seidenberg, M. S., & McClelland, J. L. (1989). A distributed, developmental model of visual word recognition and naming. *Psychological Review, 96*, 523-568.

Adams, M. J. (1990). *Beginning to read: Thinking and learning about print*. Cambridge, MA: MIT Press.

『학령기 아동의 언어치료를 위한 소리나라 한글 배우기』 1권에 수록된 낱말은 유치원 교육과정에 포함되어 있으며, 받침이 없는 쉬운 낱말로 구성되어 있습니다. 따라서 한글교육을 처음 접하는 아동이나 글자의 구성 원리를 이해하기 힘들어하는 읽기장애(난독증) 아동 혹은 발달지체 아동에게 유리합니다. 이들의 성취감 및 한글학습에 대한 흥미와 동기 유발을 고려하여 각 과제는 6개의 낱말로 구성하였으며, 효과적인 한글 습득을 위해 첫음절이 같은 낱말과 끝음절이 같은 낱말을 2개 이상씩 구성하였습니다. 20회기 동안[과제 16회기, 음운인식훈련(음절 변별) 낱말 빙고 4회기] 총 65개의 낱말을 반복하며 익힐 수 있게 구성되어 있습니다.

각 과제는 다음과 같은 단계로 이루어져 있습니다.

- 1단계: 낱말그림-글자 대응
- 2단계: 사물 명명
- 3단계: 사물-글자 명명
- 4단계: 낱말 확인

* 한글학습을 처음 시도하는 아동은 1권을 두 번 반복하는 것이 좋습니다.

1단계 낱말그림 – 글자 대응

1단계는 낱말그림–글자 대응하기 과제입니다. 6개의 글자와 낱말그림을 맞춰 보면서 글자의 의미를 익히도록 구성되었습니다.

〈1단계 활동 시범〉

1. 교사가 그림의 이름을 명명해 줍니다.
   예 교사: (자두 그림을 가리키며) 자두, (가지 그림을 가리키며) 가지 …….
2. 교사가 글자의 소릿값을 말합니다.
   예 교사: (포도 글자를 가리키며) 포도, (모기 글자를 가리키며) 모기 …….
3. 그림과 글자를 연결시켜 봅니다.
   예 교사: (자두를 가리키며) 이건 뭘까?
   아동: 자두.
   교사: 그래, 자두야. 이제 '자두' 글자를 한번 찾아볼까?
   * 이름을 명명해 줄 때는 한 음절씩 또박또박 명료하게 들려주는 것이 좋습니다.

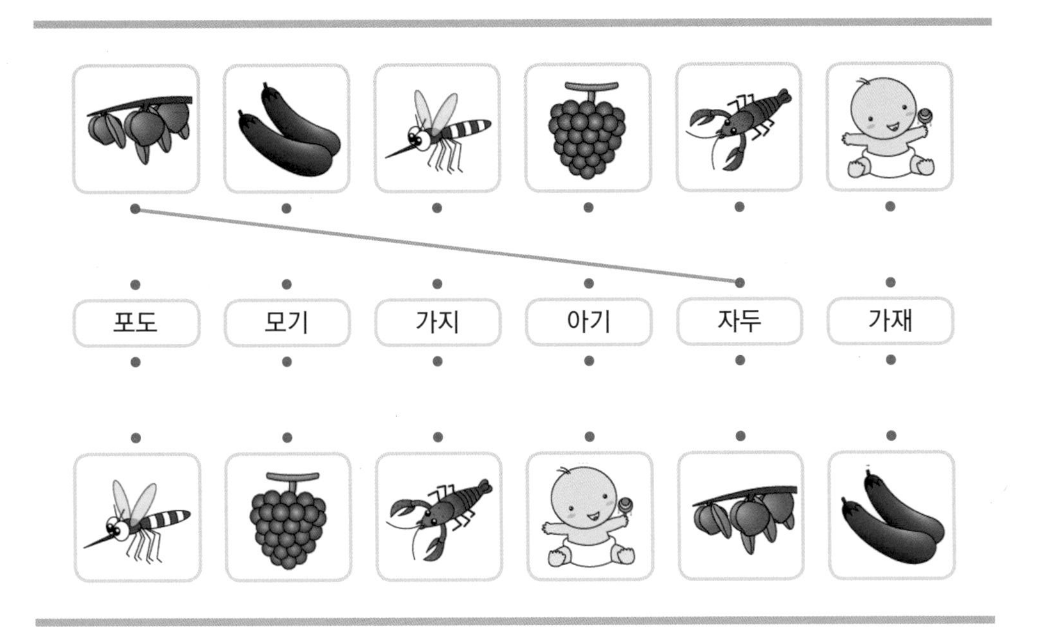

아동이 쉽게 익히지 못한다면, 부록의 글자와 그림카드로 맞추기 놀이를 하며 복습해 보세요. 교사가 말하는 글자나 그림카드를 빨리 찾는 놀이도 할 수 있겠죠. 아동의 습득 속도를 고려해서 교사가 글자카드를 집고 아동에게 쉬운 그림카드를 찾을 수 있게 하거나, 반대로 낱말 찾기 놀이를 하는 것도 좋은 학습방법입니다.

2단계 사물 명명

2단계는 사물 명명하기 과제입니다. 한글 습득을 어려워하는 아동 중에는 사물을 명명하는 것을 어려워하는 경우가 종종 있습니다. 사물 명명하기 훈련은 음운정보처리훈련(회상하기)에 도움이 됩니다.

〈2단계 활동 시범〉

1. 교사가 그림의 이름을 말해 주면 아동이 따라 말하게 합니다.
   예 교사: (자두 그림을 가리키며) 자두 …….
   아동: 자두 …….
2. 교사와 아동이 함께 그림의 이름을 말합니다.
   예 교사와 아동: (포도 글자를 가리키며) 포도, (모기 글자를 가리키며) 모기 …….
   * 아동이 명명하는 것을 편안해하면 교사는 목소리를 작게 하는 것이 좋고, 아동이 명명하는 것을 어려워한다면 교사는 큰 목소리로 해 주는 것이 좋습니다.
3. 아동 혼자 명명하기를 시킵니다.
   예 교사: 이제 너 혼자 읽어 보렴(전체 속도를 측정한다).
   * 15~25초 사이에 명명할 수 있다면 3단계로 넘어가도 됩니다.

선생님 따라 읽기	선생님과 같이 읽기	혼자 읽기(15~25초 사이에 읽으면 다음 과제로 넘어가기)		
1회 ● 2회 ● 3회 ○	1회 ● 2회 ● 3회 ●	1회: 27초	2회: 초	3회: 초

우선 교사(부모)가 그림을 손가락으로 가리키며 그 이름을 하나씩 말해 주고, 아동이 따라 말하기를 합니다. 두세 번 정도 반복한 후, 이번에는 교사(부모)와 아동이 함께 이름을 말해 봅니다. 이 과정을 두세 번 반복한 후에 아동 혼자 명명해 보게 해 주면 됩니다.

3단계 사물 – 글자 명명

3단계는 글자 명명하기가 목표입니다. 하지만 한글을 처음 접해 보는 아동들에게는 글자로만 이루어진 인쇄물은 큰 긴장감을 초래할 수 있으므로 사물과 글자를 섞어 배열했습니다. 글자의 자음과 모음의 구성을 눈으로 익히고, 소릿값과 연결시켜 보는 것이 목적이므로 교사(부모) 따라 읽기 및 함께 읽기를 충분히 하는 것이 좋습니다.

〈3단계 활동 시범〉

1. 교사가 명명하는 낱말을 아동이 찾도록 합니다.
   예) 교사: '모기'는 어디 있지?
   * 아동이 그림카드를 지적한다면, 교사는 글자카드도 함께 가리켜 줍니다.
   * 아동이 글자카드를 지적하는 것이 편안해지면 다음 활동으로 넘어갑니다.
2. 교사가 그림과 글자의 이름을 명명해 주면, 아동이 따라 말하게 합니다.
   예) 교사: ('자두' 그림을 가리키며) 자두 ……
   아동: 자두 ……
   * 아동이 '모기'의 '기'와 '아기'의 '기'를 보며 같은 글자임을 스스로 파악할 수 있도록 글자 색에 구분을 두었습니다.
3. 교사와 아동이 함께 그림과 글자의 이름을 명명합니다.
   예) 교사와 아동: ('포도' 글자를 가리키며) 포도, ('모기' 글자를 가리키며) 모기 ……
   * 아동이 명명하는 것을 편안해 하면 교사는 목소리를 작게 하는 것이 좋고, 아동이 명명하는 것을 어려워한다면 교사는 큰 목소리로 해 주는 것이 좋습니다.
4. 아동 혼자 명명하게 합니다.
   예) 교사: 이제 너 혼자 읽어보렴(전체 속도를 측정한다).
   * 15~25초 사이에 명명할 수 있다면 4단계로 넘어가도 됩니다.

낱말 찾기	선생님 따라 읽기	선생님과 같이 읽기	혼자 읽기(15~25초 사이에 읽으면 다음 과제로 넘어가기)		
성공한 횟수:	1회 ○ 2회 ○ 3회 ○	1회 ○ 2회 ○ 3회 ○	1회: 초	2회: 초	3회: 초

읽기장애(난독증)를 가진 아동의 경우에는 같은 글자에 형광펜으로 색칠을 해 주면 자음과 모음의 구성과 소릿값과의 연결을 하는 과정에 도움이 됩니다.

4단계 낱말 확인

4단계는 다음과 같이 그림에 알맞은 낱말을 찾아보는 활동입니다.

수박	아기	파리	오이	새우	자두
포도	엄마	모기	당근	가재	사과
배	아빠	거미	가지	고래	앵두

복습하기

4개의 과제를 마치면 과제 1~4에 나온 낱말을 복습하는 활동이 나옵니다. 복습 활동은 음운인식훈련(음절 변별)과 낱말 빙고로 구성되어 있습니다. 음절 변별 과제는 낱말을 기억하는 능력과도 관련이 있으므로 그림으로 제시하며 변별 훈련을 한 다음, 말소리만으로 질문하는 과정을 두는 것이 좋습니다.

• 음절 변별 과제

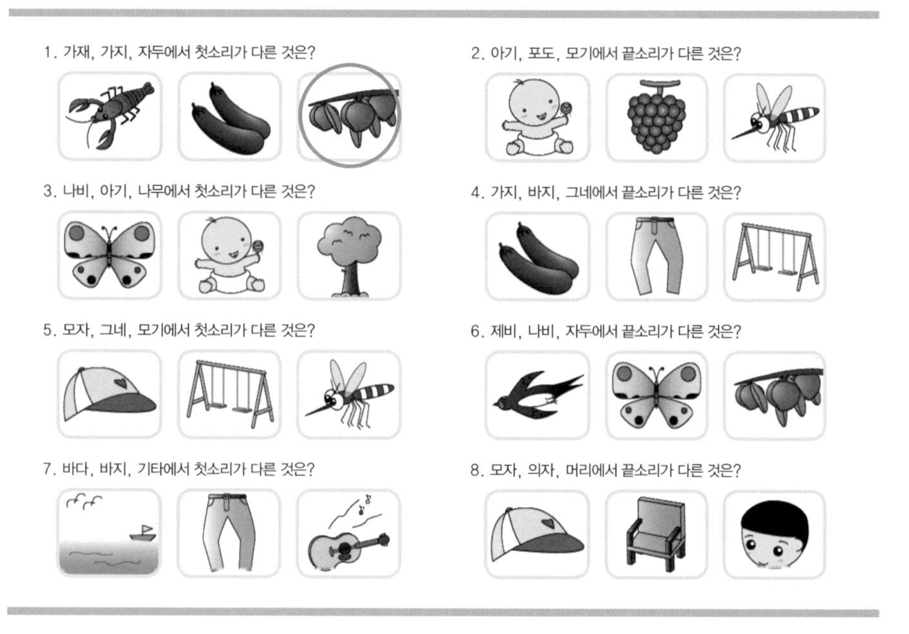

• 낱말 빙고

가지	나비	모자	바지	가재
나무	모기	아기	가지	바지
그네	모자	그네	나비	제비
자두	바지	바다	기타	모자
의자	머리	가지	나비	모자

낱말 빙고는 교사와 아동이 번갈아 낱말을 부르면서 빙고를 완성하는 것입니다. 이 과제를 통해 아동이 익힌 낱말과 익히지 못한 낱말을 확인해 볼 수 있습니다.

차례

과제 1

포도	모기	가지	아기	자두	가재

과제 1-2단계 [사물 명명]

선생님 따라 읽기	선생님과 같이 읽기	혼자 읽기(15~25초 사이에 읽으면 다음 과제로 넘어가기)		
1회 ○ 2회 ○ 3회 ○	1회 ○ 2회 ○ 3회 ○	1회:　초	2회:　초	3회:　초

과제 1-3단계 [사물-글자 명명]

낱말 찾기	선생님 따라 읽기	선생님과 같이 읽기	혼자 읽기(15~25초 사이에 읽으면 다음 과제로 넘어가기)		
성공한 횟수:	1회 ○ 2회 ○ 3회 ○	1회 ○ 2회 ○ 3회 ○	1회: 초	2회: 초	3회: 초

모기		가재		포도	가지
	아기		자두	모기	
포도	자두		모기	가재	아기

과제 1-4단계 [낱말 확인: 알맞은 낱말에 동그라미하기]

과제 2

과제 2-1단계 [낱말그림-글자 대응]

아기	가지	나무	나비	바지	그네

과제 2-2단계 [사물 명명]

선생님 따라 읽기	선생님과 같이 읽기	혼자 읽기(15~25초 사이에 읽으면 다음 과제로 넘어가기)		
1회 ○ 2회 ○ 3회 ○	1회 ○ 2회 ○ 3회 ○	1회: 초	2회: 초	3회: 초

과제 2-3단계 [사물-글자 명명]

낱말 찾기	선생님 따라 읽기	선생님과 같이 읽기	혼자 읽기(15~25초 사이에 읽으면 다음 과제로 넘어가기)		
성공한 횟수:	1회 ○ 2회 ○ 3회 ○	1회 ○ 2회 ○ 3회 ○	1회: 초	2회: 초	3회: 초

가지

바지

나비

그네

나무

나비

아기

나무

가지

바지

아기

그네

과제 2-4단계 [낱말 확인: 알맞은 낱말에 동그라미하기]

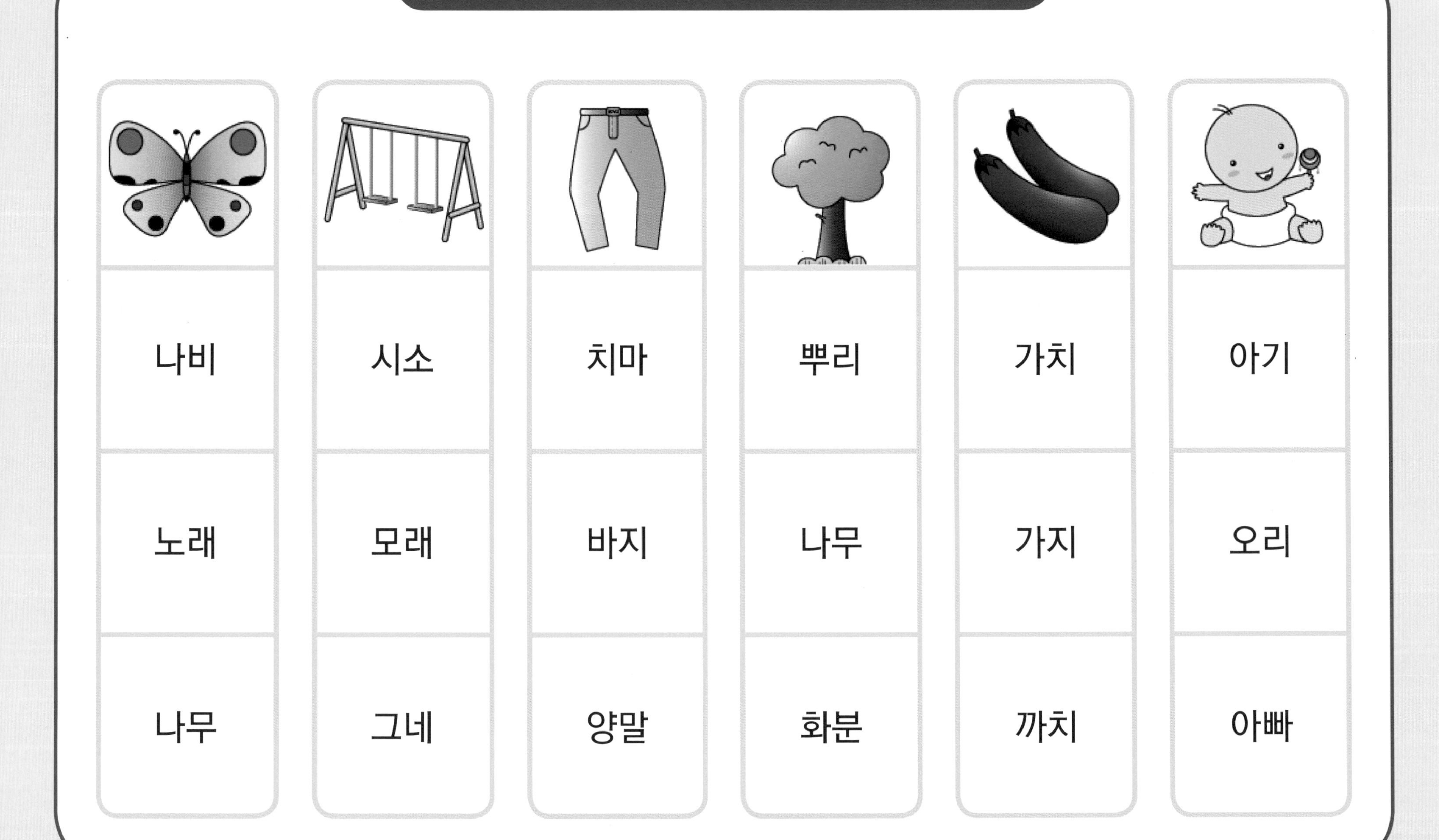

나비	시소	치마	뿌리	가치	아기
노래	모래	바지	나무	가지	오리
나무	그네	양말	화분	까치	아빠

과제 3

과제 3-1단계 [낱말그림-글자 대응]

제비	모자	모기	그네	자두	나비

과제 3-2단계 [사물 명명]

선생님 따라 읽기	선생님과 같이 읽기	혼자 읽기(15~25초 사이에 읽으면 다음 과제로 넘어가기)		
1회 ○ 2회 ○ 3회 ○	1회 ○ 2회 ○ 3회 ○	1회: 초	2회: 초	3회: 초

과제 3-3단계 [사물-글자 명명]

낱말 찾기	선생님 따라 읽기	선생님과 같이 읽기	혼자 읽기(15~25초 사이에 읽으면 다음 과제로 넘어가기)		
성공한 횟수:	1회 ○ 2회 ○ 3회 ○	1회 ○ 2회 ○ 3회 ○	1회: 초	2회: 초	3회: 초

모기		자두	나비		제비
그네	제비	모기		모자	자두
	나비		그네	제비	

과제 3-4단계 [낱말 확인: 알맞은 낱말에 동그라미하기]

				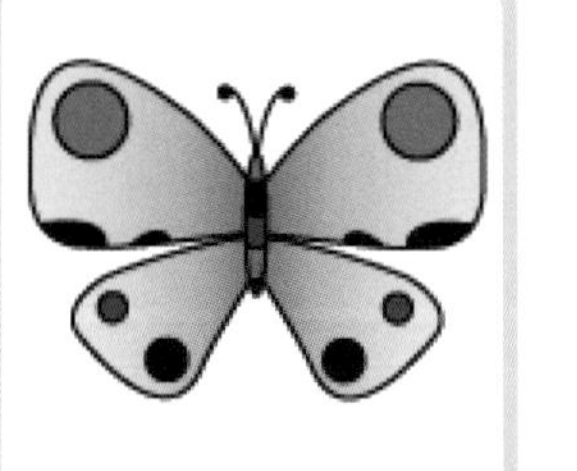	
모자	까치	모두	의자	나비	사과
가방	제비	모기	그네	모기	자두
치마	거위	모래	시소	나무	포도

과제 4

과제 4-1단계 [낱말그림-글자 대응]

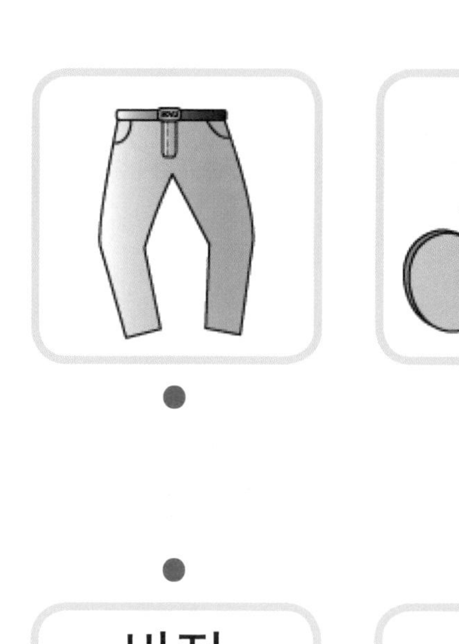

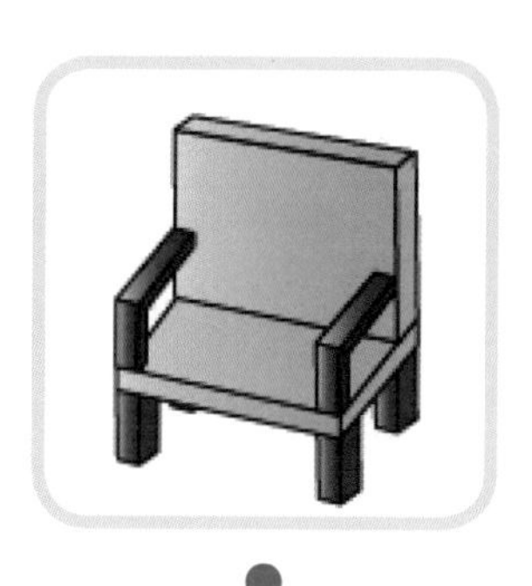

바지	모자	의자	기타	머리	바다

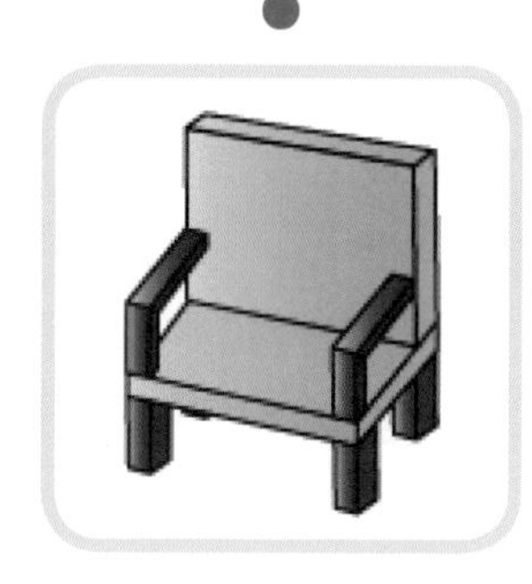

과제 4-2단계 [사물 명명]

선생님 따라 읽기	선생님과 같이 읽기	혼자 읽기(15~25초 사이에 읽으면 다음 과제로 넘어가기)		
1회 ○ 2회 ○ 3회 ○	1회 ○ 2회 ○ 3회 ○	1회: 초	2회: 초	3회: 초

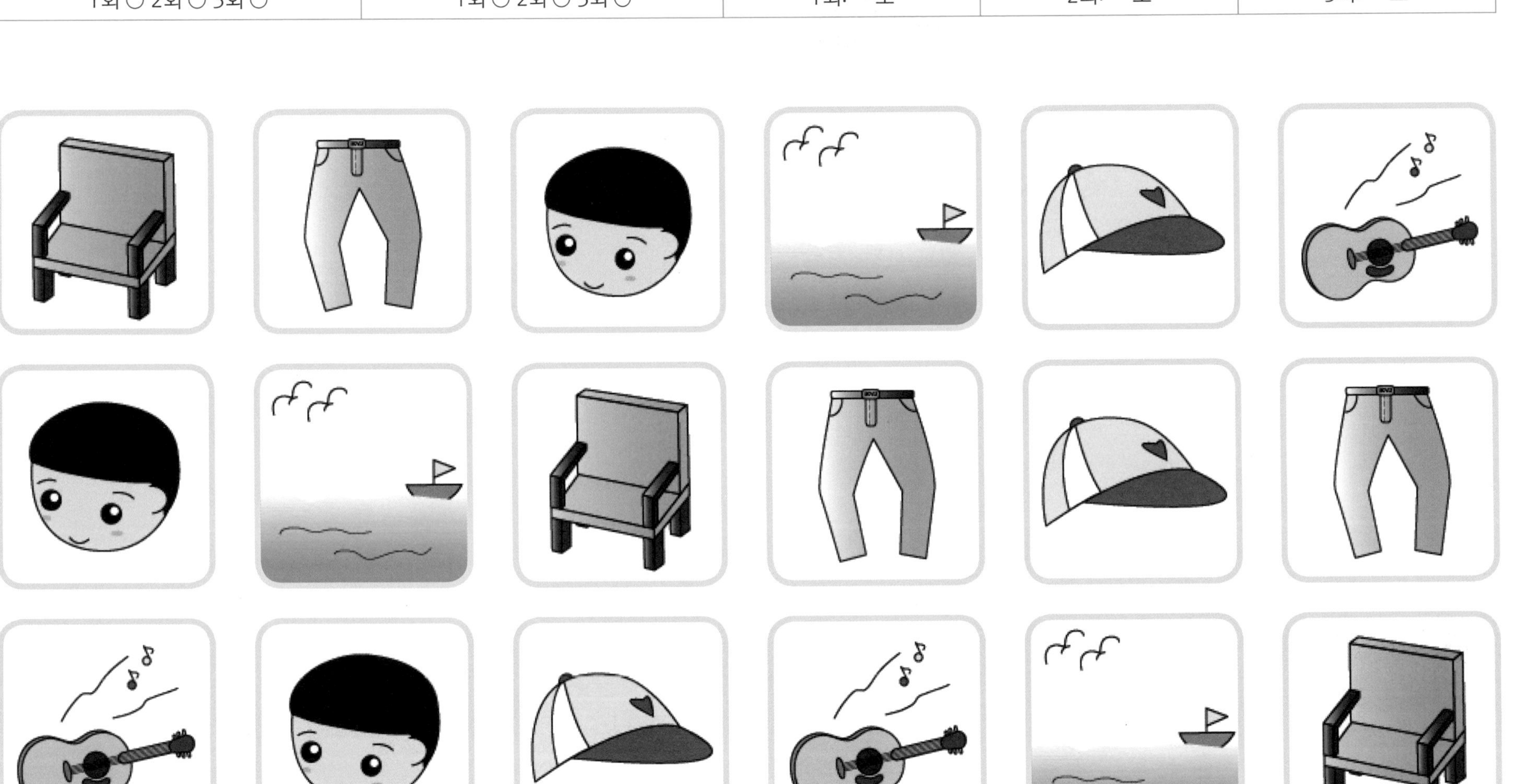

과제 4-3단계 [사물-글자 명명]

낱말 찾기	선생님 따라 읽기	선생님과 같이 읽기	혼자 읽기(15~25초 사이에 읽으면 다음 과제로 넘어가기)		
성공한 횟수:	1회 ○ 2회 ○ 3회 ○	1회 ○ 2회 ○ 3회 ○	1회: 초	2회: 초	3회: 초

바다	모자	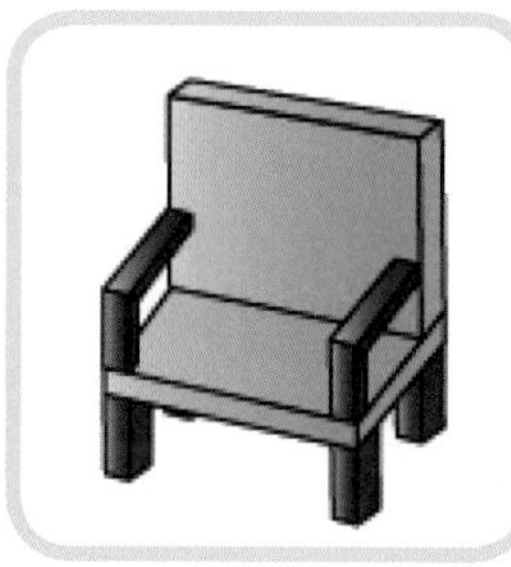	기타		머리
	바지		바다	의자	
바지	의자	머리		기타	모자

과제 4-4단계 [낱말 확인: 알맞은 낱말에 동그라미하기]

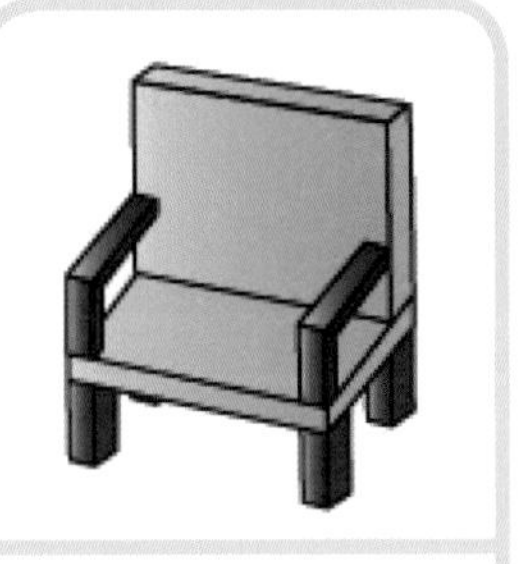			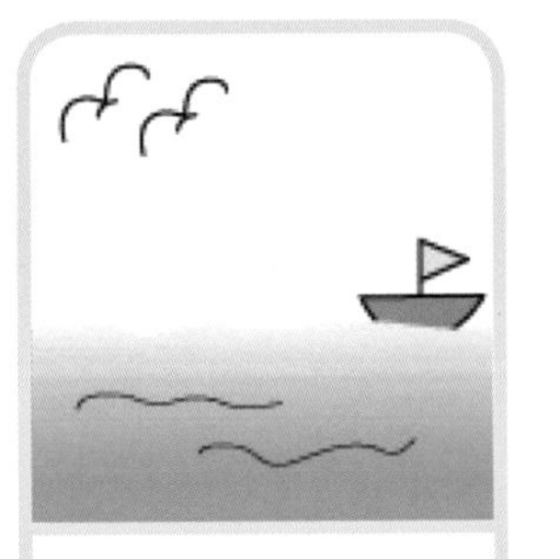	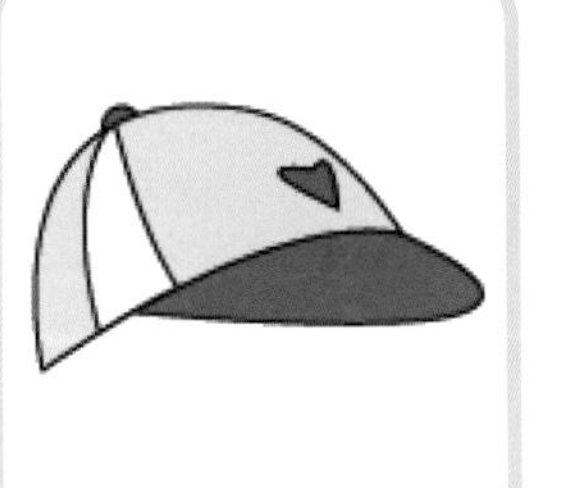	
책상	나팔	머리	모래	모기	치마
의자	피리	다리	하늘	모자	바지
연필	기타	허리	바다	의자	신발

복습하기 1

음운인식훈련

낱말 빙고

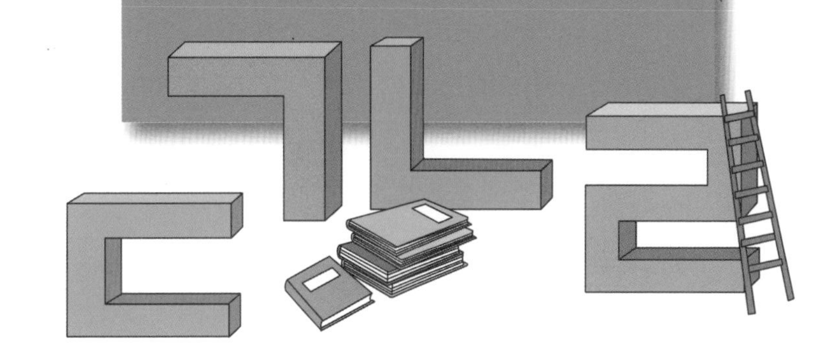

1. 가재, 가지, 자두에서 첫소리가 다른 것은?

2. 아기, 포도, 모기에서 끝소리가 다른 것은?

3. 나비, 아기, 나무에서 첫소리가 다른 것은?

4. 가지, 바지, 그네에서 끝소리가 다른 것은?

5. 모자, 그네, 모기에서 첫소리가 다른 것은?

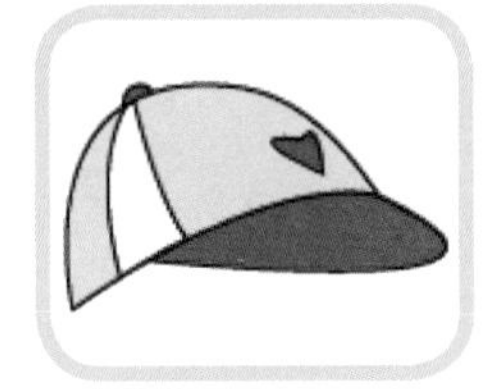  

6. 제비, 나비, 자두에서 끝소리가 다른 것은?

7. 바다, 바지, 기타에서 첫소리가 다른 것은?

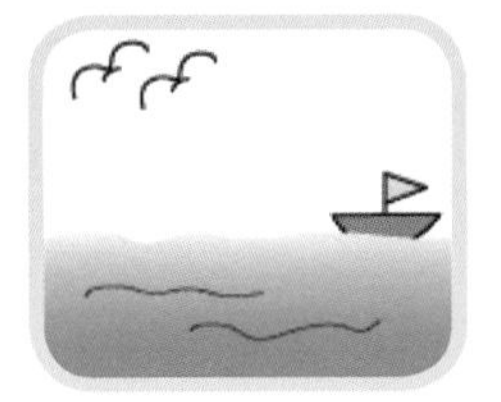  

8. 모자, 의자, 머리에서 끝소리가 다른 것은?

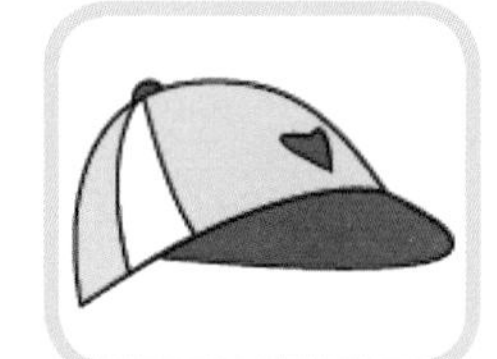 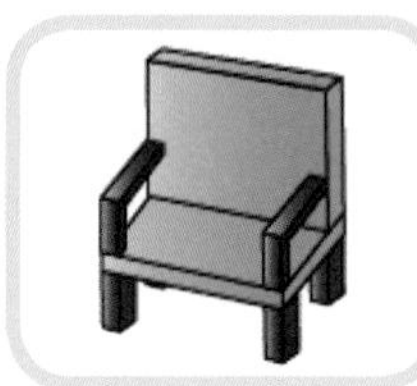 

낱말 빙고 1

가지	나비	모자	바지	가재
나무	모기	아기	가지	바지
그네	모자	그네	나비	제비
자두	바지	바다	기타	모자
의자	머리	가지	나비	모자

과제 5

과제 5-1단계 [낱말그림-글자 대응]

바지	사과	가재	돼지	사자	구두

과제 5-2단계 [사물 명명]

선생님 따라 읽기	선생님과 같이 읽기	혼자 읽기(15~25초 사이에 읽으면 다음 과제로 넘어가기)		
1회 ○ 2회 ○ 3회 ○	1회 ○ 2회 ○ 3회 ○	1회: 초	2회: 초	3회: 초

과제 5-3단계 [사물-글자 명명]

낱말 찾기	선생님 따라 읽기	선생님과 같이 읽기	혼자 읽기(15~25초 사이에 읽으면 다음 과제로 넘어가기)		
성공한 횟수:	1회 ○ 2회 ○ 3회 ○	1회 ○ 2회 ○ 3회 ○	1회: 초	2회: 초	3회: 초

	사자		구두	사과	
돼지		바지		구두	가재
사자	바지	가재	구두		돼지

과제 5-4단계 [낱말 확인: 알맞은 낱말에 동그라미하기]

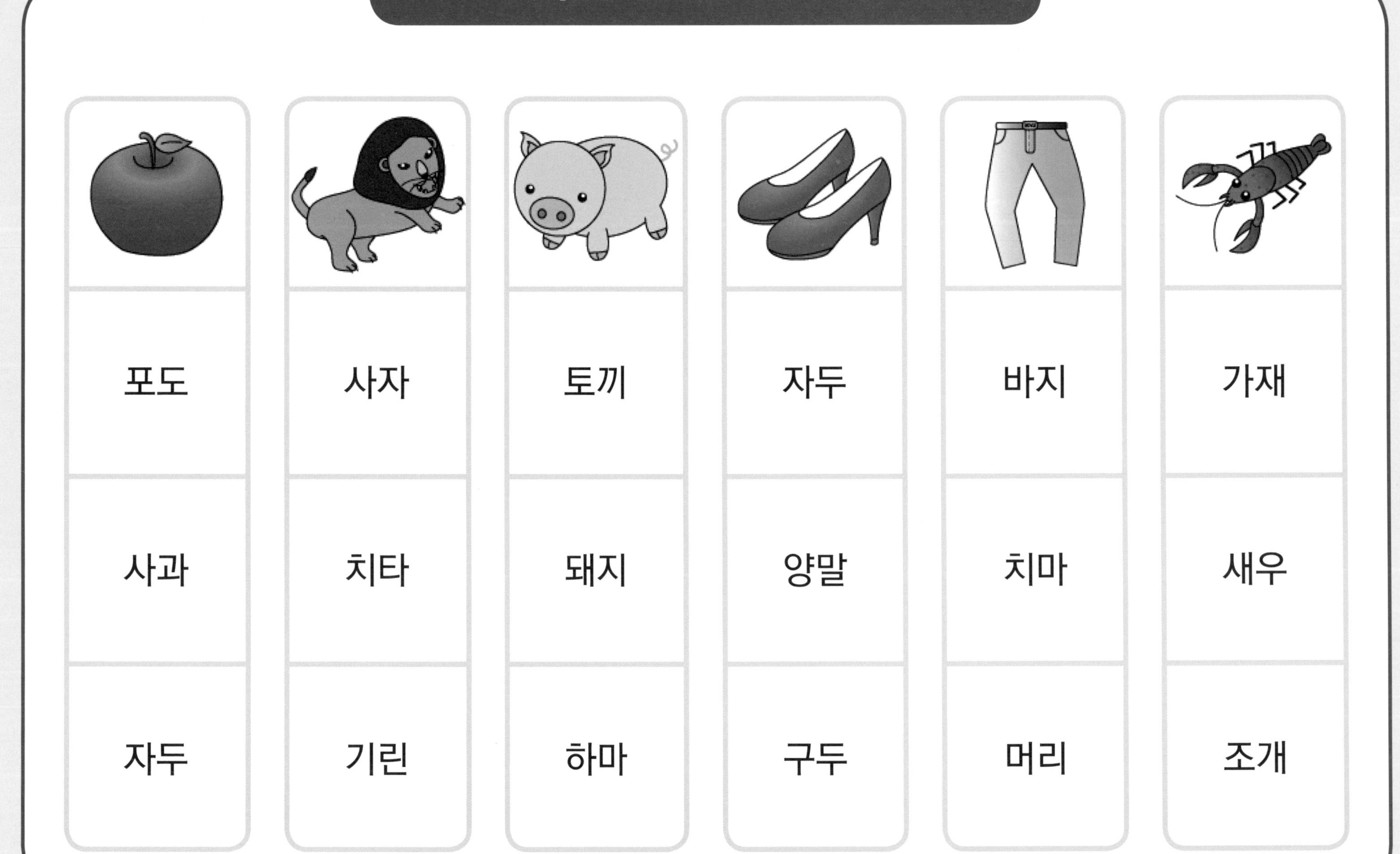

포도	사자	토끼	자두	바지	가재
사과	치타	돼지	양말	치마	새우
자두	기린	하마	구두	머리	조개

과제 6

과제 6-1단계 [낱말그림-글자 대응]

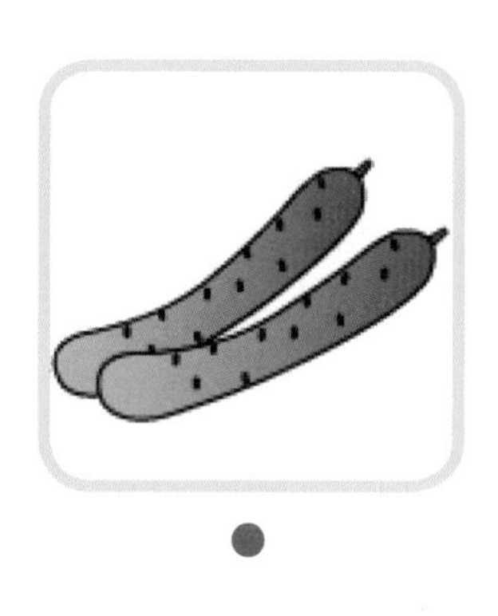     

돼지	오리	오이	기차	사자	피자

 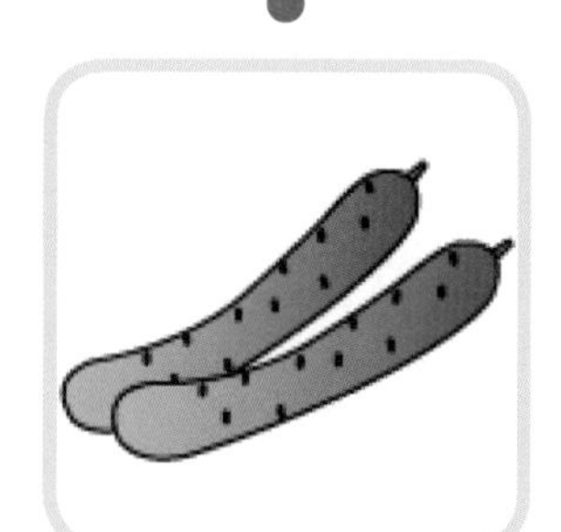   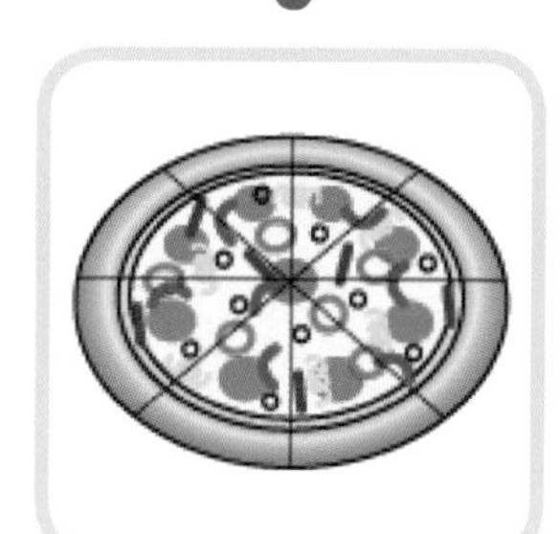 

과제 6-2단계 [사물 명명]

선생님 따라 읽기	선생님과 같이 읽기	혼자 읽기(15~25초 사이에 읽으면 다음 과제로 넘어가기)		
1회 ○ 2회 ○ 3회 ○	1회 ○ 2회 ○ 3회 ○	1회: 초	2회: 초	3회: 초

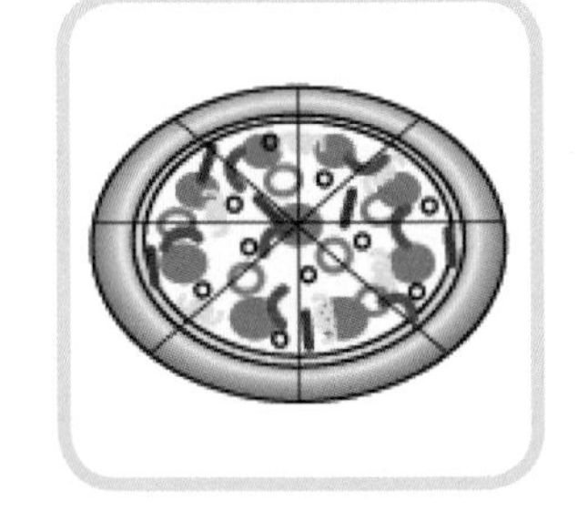

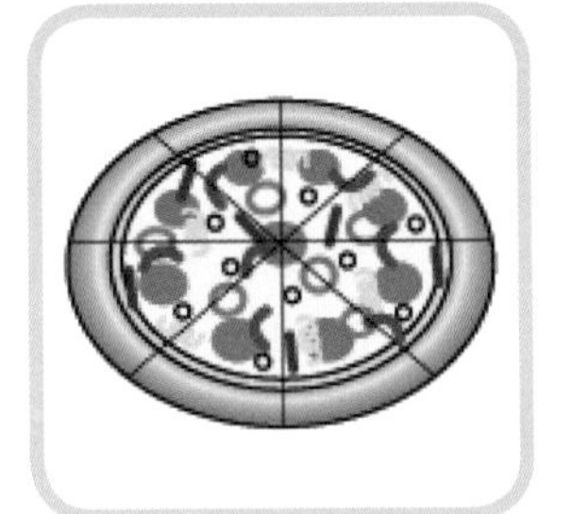

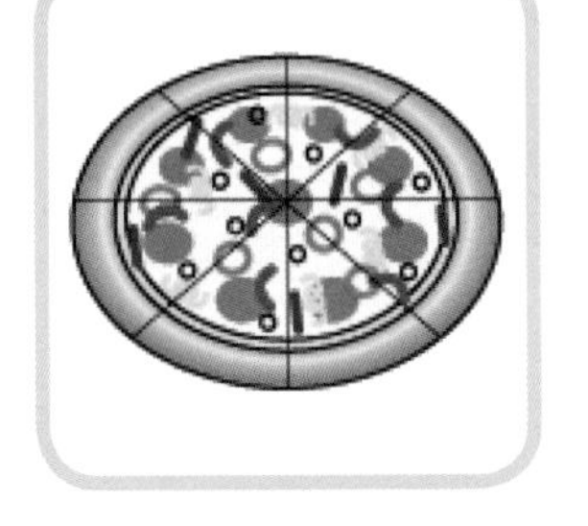

과제 6-3단계 [사물-글자 명명]

낱말 찾기	선생님 따라 읽기	선생님과 같이 읽기	혼자 읽기(15~25초 사이에 읽으면 다음 과제로 넘어가기)		
성공한 횟수:	1회 ○ 2회 ○ 3회 ○	1회 ○ 2회 ○ 3회 ○	1회: 초	2회: 초	3회: 초

오이

오리

사자

피자

사자

피자

돼지

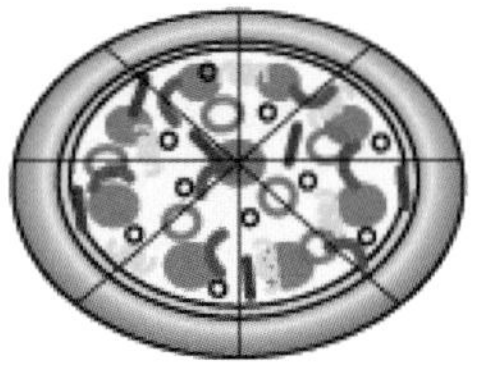

오리

오이

피자

기차

돼지

과제 6-4단계 [낱말 확인: 알맞은 낱말에 동그라미하기]

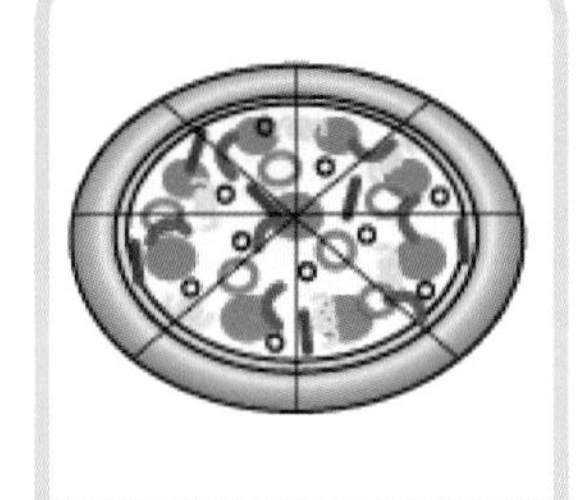					
피자	배추	백조	가구	돼지	사슴
피구	오이	오리	소리	지구	사자
포크	마늘	호수	기차	가지	나사

과제 7

과제 7-1단계 [낱말그림-글자 대응]

포도	고추	오리	다리	고래	우유

과제 7-2단계 [사물 명명]

선생님 따라 읽기	선생님과 같이 읽기	혼자 읽기(15~25초 사이에 읽으면 다음 과제로 넘어가기)		
1회 ○ 2회 ○ 3회 ○	1회 ○ 2회 ○ 3회 ○	1회: 초	2회: 초	3회: 초

과제 7-3단계 [사물-글자 명명]

낱말 찾기	선생님 따라 읽기	선생님과 같이 읽기	혼자 읽기(15~25초 사이에 읽으면 다음 과제로 넘어가기)		
성공한 횟수:	1회 ○ 2회 ○ 3회 ○	1회 ○ 2회 ○ 3회 ○	1회: 초	2회: 초	3회: 초

고추

고래

포도

다리

우유

오리

고래

고추

포도

고추

다리

우유

과제 7-4단계 [낱말 확인: 알맞은 낱말에 동그라미하기]

도로	우유	마늘	새우	자두	오리
다리	주스	포도	고래	포도	오이
버스	레몬	고추	해마	포크	우유

과제 8

과제 8-1단계 [낱말그림-글자 대응]

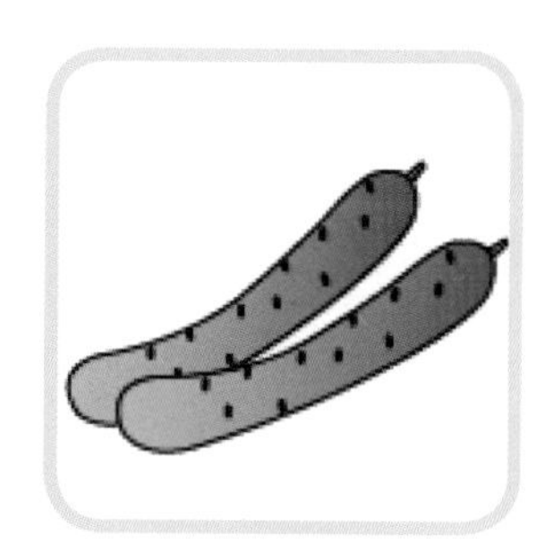

여우	시소	오이	모래	고래	시계

과제 8-2단계 [사물 명명]

선생님 따라 읽기	선생님과 같이 읽기	혼자 읽기(15~25초 사이에 읽으면 다음 과제로 넘어가기)		
1회 ○ 2회 ○ 3회 ○	1회 ○ 2회 ○ 3회 ○	1회: 초	2회: 초	3회: 초

과제 8-3단계 [사물-글자 명명]

낱말 찾기	선생님 따라 읽기	선생님과 같이 읽기	혼자 읽기(15~25초 사이에 읽으면 다음 과제로 넘어가기)		
성공한 횟수:	1회 ○ 2회 ○ 3회 ○	1회 ○ 2회 ○ 3회 ○	1회: 초	2회: 초	3회: 초

오이		시소		시계	
고래	오이		여우		시계
	모래	시계	시소	고래	여우

과제 8-4단계 [낱말 확인: 알맞은 낱말에 동그라미하기]

복습하기 2

음운인식훈련

낱말 빙고

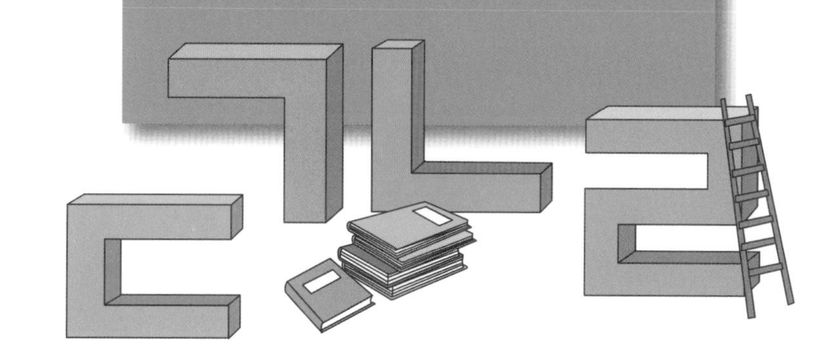

음운인식훈련 [음절 변별] 2

1. 사과, 사자, 가재에서 첫소리가 다른 것은?

2. 구두, 바지, 돼지에서 끝소리가 다른 것은?

3. 오리, 기차, 오이에서 첫소리가 다른 것은?

4. 사자, 피자, 돼지에서 끝소리가 다른 것은?

 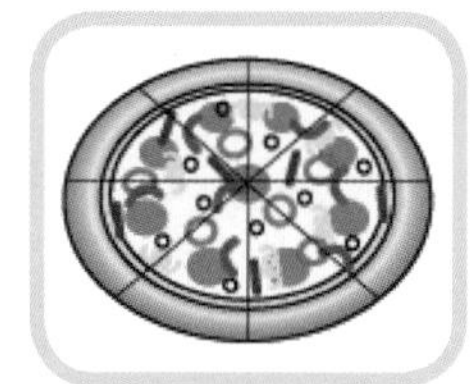 

5. 포도, 고추, 고래에서 첫소리가 다른 것은?

6. 우유, 다리, 오리에서 끝소리가 다른 것은?

7. 시소, 오이, 시계에서 첫소리가 다른 것은?

8. 고래, 모래, 여우에서 끝소리가 다른 것은?

낱말 빙고 2

오리	오리	기차	사자	피자
돼지	고래	고추	포도	오리
다리	우유	시계	시소	모래
고래	여우	사과	사자	돼지
가재	바지	돼지	구두	여우

과제 9

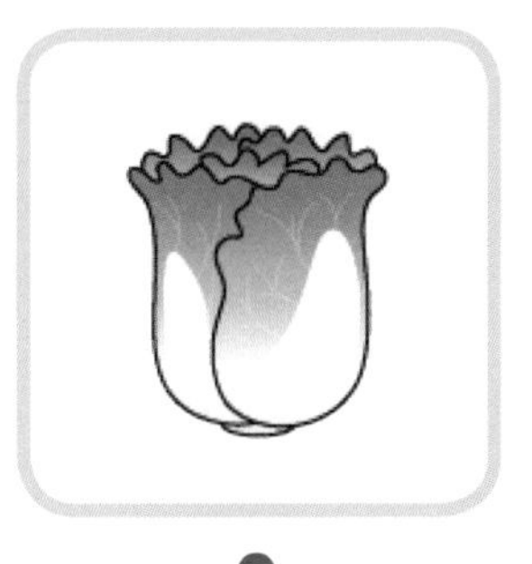

기타	고추	배추	기차	시소	버스

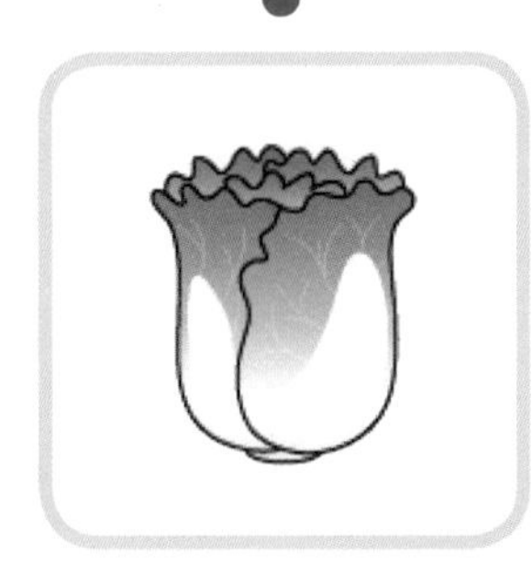

과제 9-2단계 [사물 명명]

선생님 따라 읽기	선생님과 같이 읽기	혼자 읽기(15~25초 사이에 읽으면 다음 과제로 넘어가기)		
1회 ○ 2회 ○ 3회 ○	1회 ○ 2회 ○ 3회 ○	1회: 초	2회: 초	3회: 초

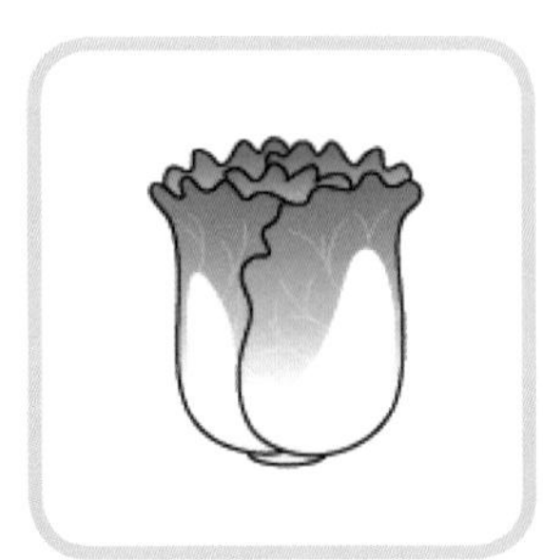

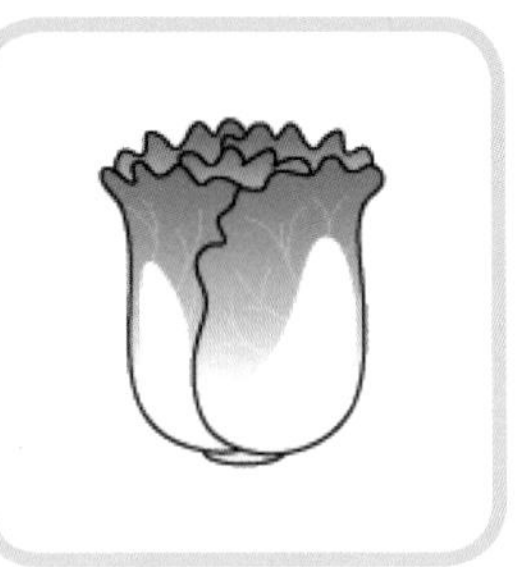

과제 9-3단계 [사물-글자 명명]

낱말 찾기	선생님 따라 읽기	선생님과 같이 읽기	혼자 읽기(15~25초 사이에 읽으면 다음 과제로 넘어가기)		
성공한 횟수:	1회 ○ 2회 ○ 3회 ○	1회 ○ 2회 ○ 3회 ○	1회: 초	2회: 초	3회: 초

기타

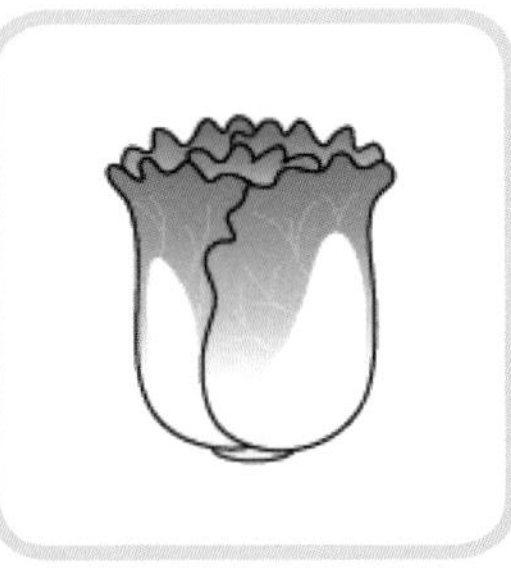

기차

고추

고추

배추

시소

버스

시소

고추

기타

버스

배추

과제 9-4단계 [낱말 확인: 알맞은 낱말에 동그라미하기]

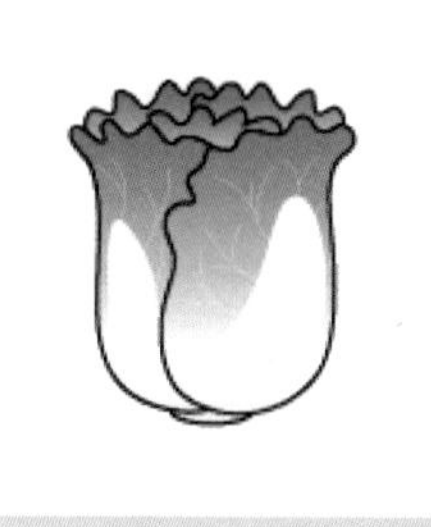					
포도	택시	기타	시조	고추	기타
배추	기차	피리	시소	고치	기장
고추	버스	나팔	시구	고장	기차

과제 10

과제 10-1단계 [낱말그림-글자 대응]

새우	거미	거위	주사	버스	나사

과제 10-2단계 [사물 명명]

선생님 따라 읽기	선생님과 같이 읽기	혼자 읽기(15~25초 사이에 읽으면 다음 과제로 넘어가기)		
1회 ○ 2회 ○ 3회 ○	1회 ○ 2회 ○ 3회 ○	1회: 초	2회: 초	3회: 초

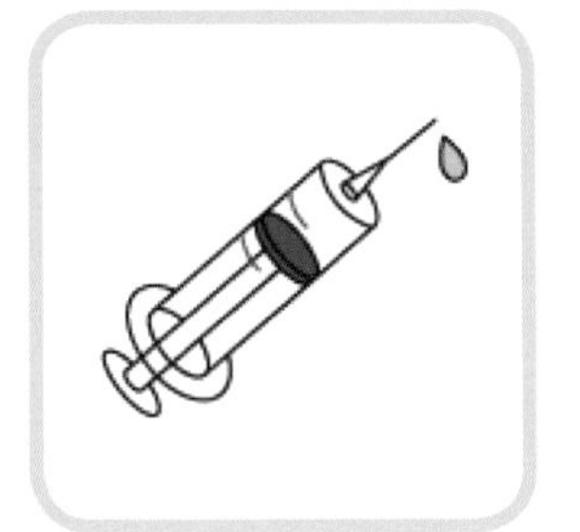
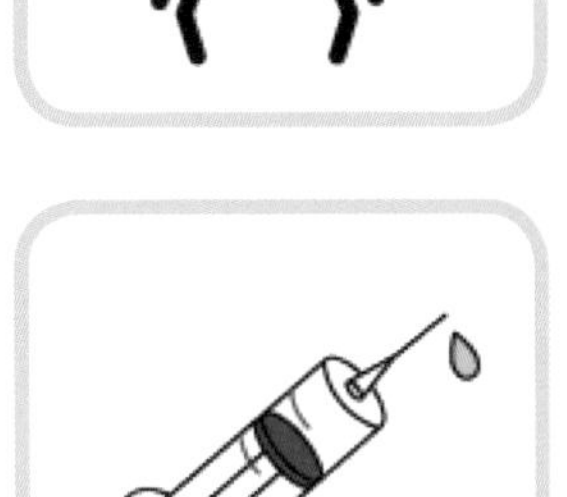

과제 10-3단계 [사물-글자 명명]

낱말 찾기	선생님 따라 읽기	선생님과 같이 읽기	혼자 읽기(15~25초 사이에 읽으면 다음 과제로 넘어가기)		
성공한 횟수:	1회 ○ 2회 ○ 3회 ○	1회 ○ 2회 ○ 3회 ○	1회: 초	2회: 초	3회: 초

	주사		거위	나사	
새우		거미		버스	거위
나사	버스	거위	새우		거미

과제 10-4단계 [낱말 확인: 알맞은 낱말에 동그라미하기]

나사	주사	오리	모기	버스	바늘
나비	의사	새우	거미	파스	새우
나무	바늘	거위	파리	버섯	꼬리

과제 11

과제 11-1단계 [낱말그림-글자 대응]

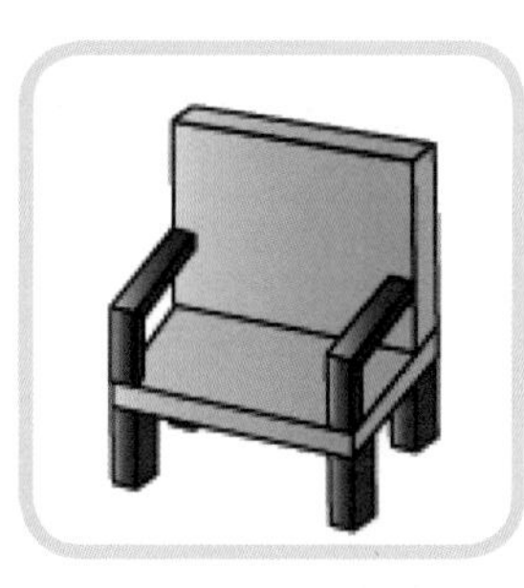

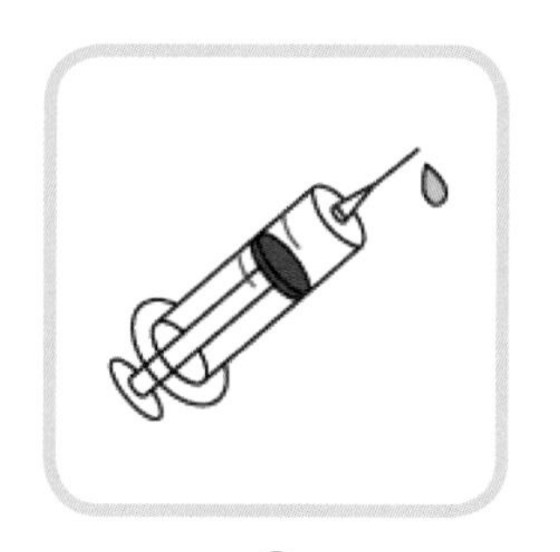

의자	가위	거위	의사	주사	부채

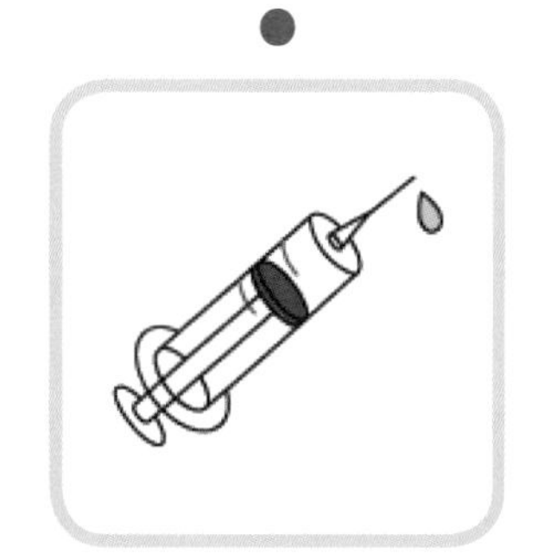

과제 11-2단계 [사물 명명]

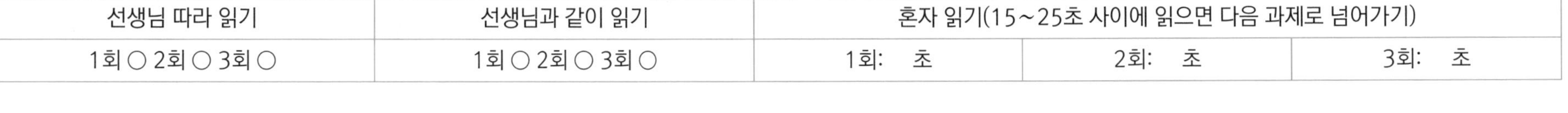

선생님 따라 읽기	선생님과 같이 읽기	혼자 읽기(15~25초 사이에 읽으면 다음 과제로 넘어가기)		
1회 ○ 2회 ○ 3회 ○	1회 ○ 2회 ○ 3회 ○	1회: 초	2회: 초	3회: 초

    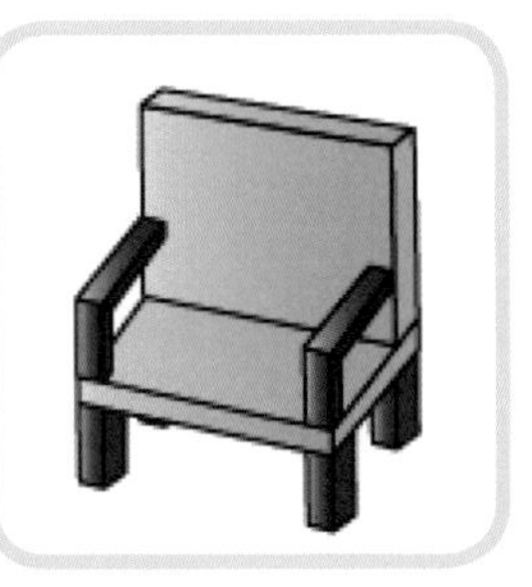  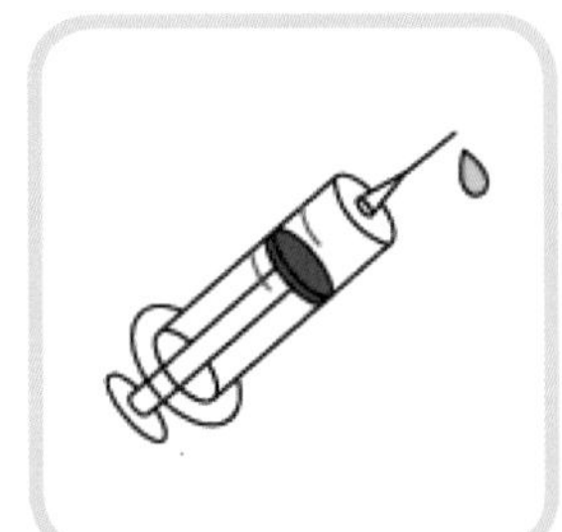

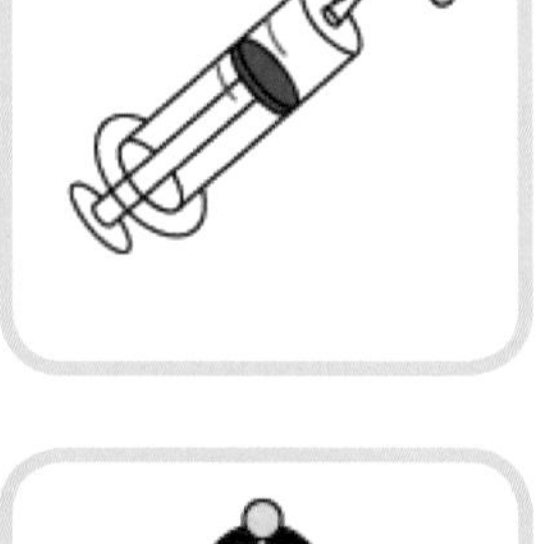  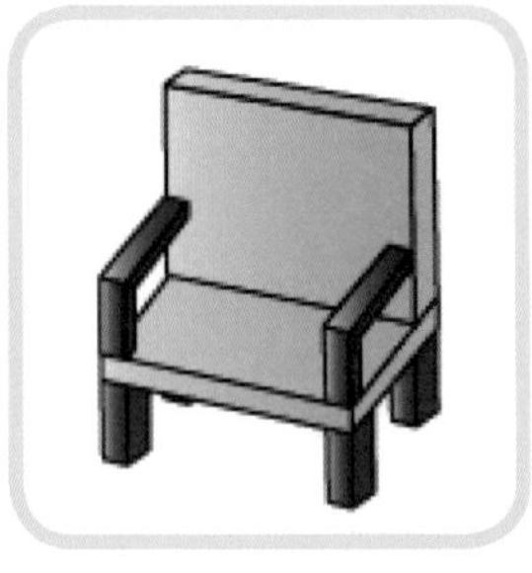   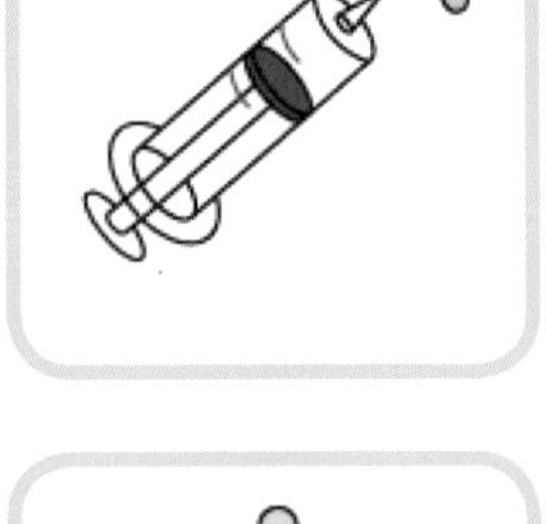

 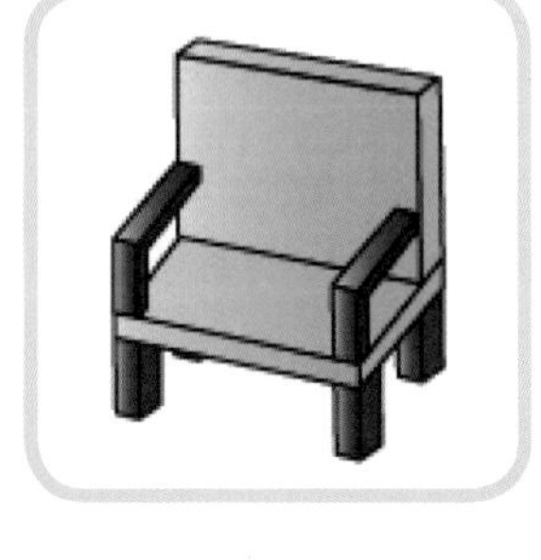    

과제 11-3단계 [사물-글자 명명]

낱말 찾기	선생님 따라 읽기	선생님과 같이 읽기	혼자 읽기(15~25초 사이에 읽으면 다음 과제로 넘어가기)		
성공한 횟수:	1회 ○ 2회 ○ 3회 ○	1회 ○ 2회 ○ 3회 ○	1회: 초	2회: 초	3회: 초

	주사		부채	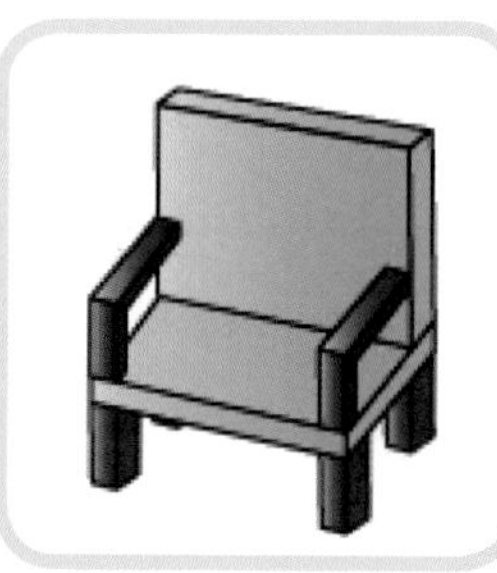	의사
거위		 부채 그림	의사	가위	
가위	거위	주사	의사	부채	의자

과제 11-4단계 [낱말 확인: 알맞은 낱말에 동그라미하기]

				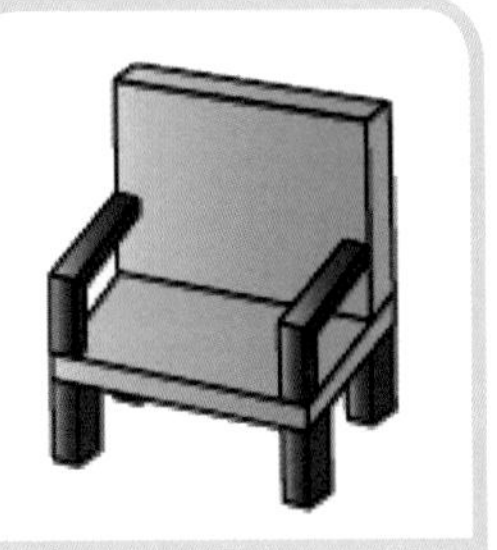	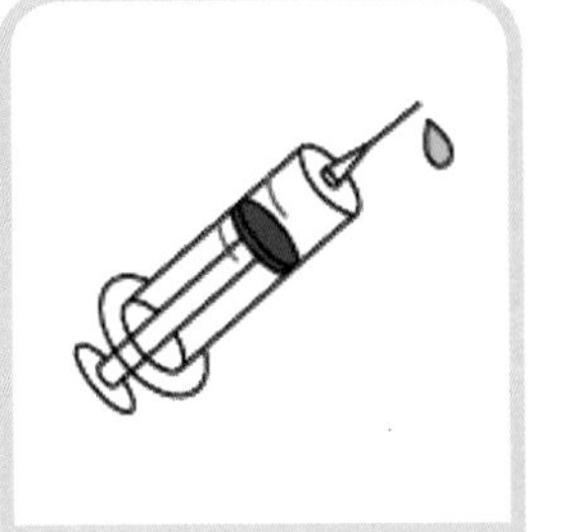
부채	주사	네모	거미	의사	주먹
바람	의사	종이	가재	의자	주사
네모	가위	가위	거위	주사	주스

과제 12

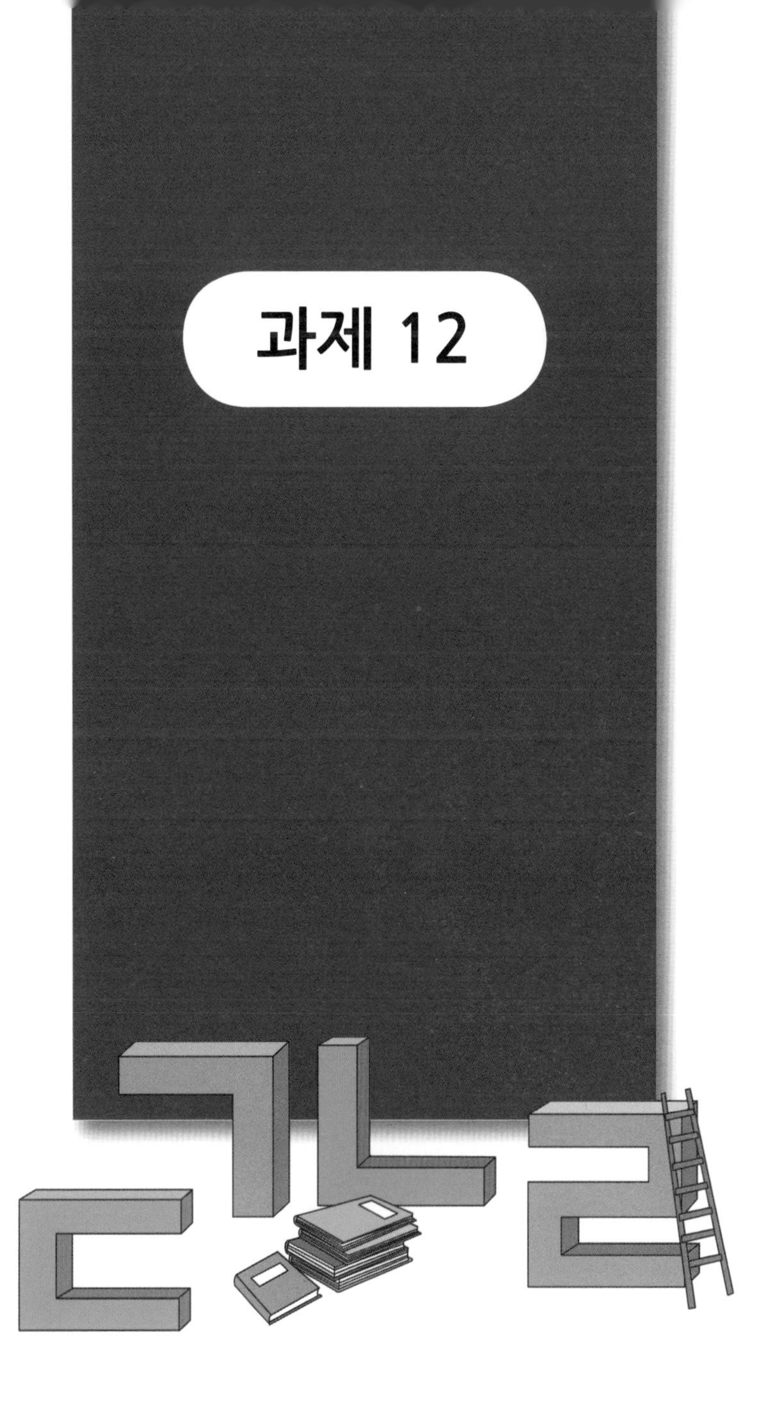

과제 12-1단계 [낱말그림-글자 대응]

도토리	나사	요리사	의사	다리미	다리

과제 12-2단계 [사물 명명]

선생님 따라 읽기	선생님과 같이 읽기	혼자 읽기(15~25초 사이에 읽으면 다음 과제로 넘어가기)		
1회 ○ 2회 ○ 3회 ○	1회 ○ 2회 ○ 3회 ○	1회:　　초	2회:　　초	3회:　　초

과제 12-3단계 [사물-글자 명명]

낱말 찾기	선생님 따라 읽기	선생님과 같이 읽기	혼자 읽기(15~25초 사이에 읽으면 다음 과제로 넘어가기)		
성공한 횟수:	1회 ○ 2회 ○ 3회 ○	1회 ○ 2회 ○ 3회 ○	1회: 초	2회: 초	3회: 초

도토리		다리		나사	
	의사		다리미		요리사
다리	나사	도토리	의사	요리사	다리미

과제 12-4단계 [낱말 확인: 알맞은 낱말에 동그라미하기]

동그라미	다리미	어부	간호사	고리	나사
도토리	카메라	요리사	의사	오리	모자
다람쥐	무지개	농부	약사	다리	주사

복습하기 3

음운인식훈련

낱말 빙고

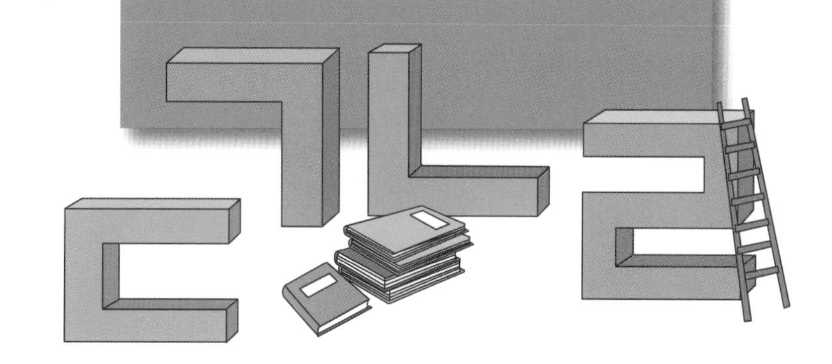

1. 기차, 기타, 시소에서 첫소리가 다른 것은?

2. 고추, 배추, 버스에서 끝소리가 다른 것은?

 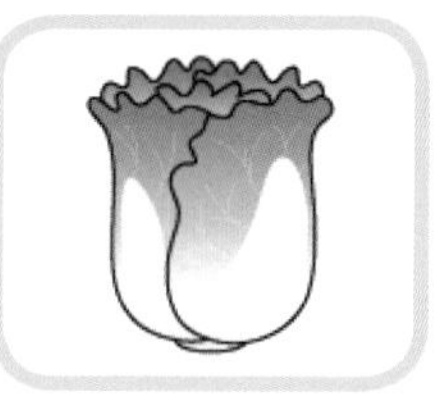 

3. 거위, 거미, 버스에서 첫소리가 다른 것은?

4. 주사, 나사, 새우에서 끝소리가 다른 것은?

5. 의사, 주사, 의자에서 첫소리가 다른 것은?

 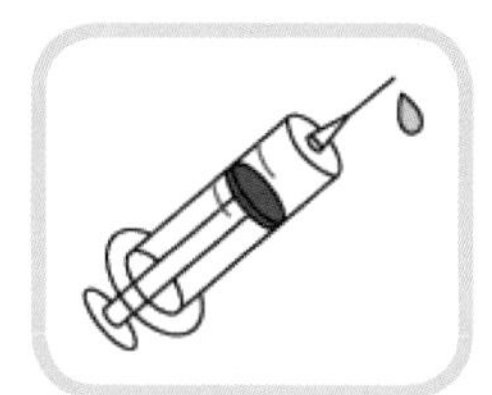 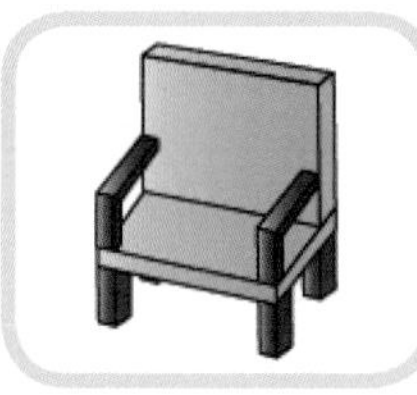

6. 거위, 부채, 가위에서 끝소리가 다른 것은?

7. 나사, 다리, 다리미에서 첫소리가 다른 것은?

  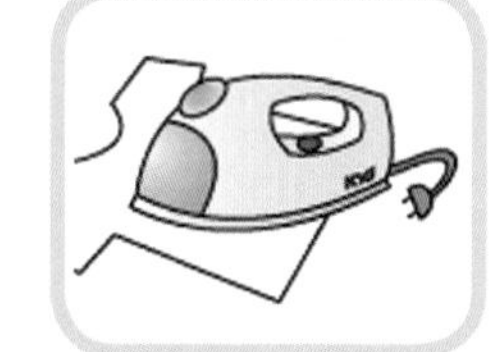

8. 요리사, 의사, 도토리에서 끝소리가 다른 것은?

기차	기타	시소	고추	배추
버스	거위	거미	버스	주사
나사	새우	의사	의자	거위
부채	다리	다리미	나사	요리사
도토리	배추	고추	부채	거위

과제 13

과제 13-1단계 [낱말그림-글자 대응]

개미	거미	사다리	다리	토끼	개구리

과제 13-2단계 [사물 명명]

선생님 따라 읽기	선생님과 같이 읽기	혼자 읽기(15~25초 사이에 읽으면 다음 과제로 넘어가기)		
1회 ○ 2회 ○ 3회 ○	1회 ○ 2회 ○ 3회 ○	1회: 초	2회: 초	3회: 초

과제 13-3단계 [사물-글자 명명]

낱말 찾기	선생님 따라 읽기	선생님과 같이 읽기	혼자 읽기(15~25초 사이에 읽으면 다음 과제로 넘어가기)		
성공한 횟수:	1회 ○ 2회 ○ 3회 ○	1회 ○ 2회 ○ 3회 ○	1회: 초	2회: 초	3회: 초

	다리	개미		개구리	사다리
	다리		토끼		거미
개구리	사다리	토끼		개미	다리

과제 13-4단계 [낱말 확인: 알맞은 낱말에 동그라미하기]

바구니	다리미	고래	가재	개미	도시
요리사	사다리	돼지	개미	거미	다시
개구리	도토리	토끼	새우	거위	다리

과제 14

과제 14-1단계 [낱말그림-글자 대응]

부채	매미	바구니	바나나	개미	고구마

과제 14-2단계 [사물 명명]

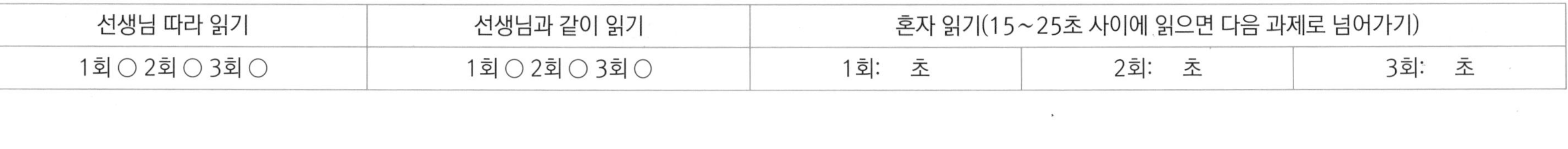

선생님 따라 읽기	선생님과 같이 읽기	혼자 읽기(15~25초 사이에 읽으면 다음 과제로 넘어가기)		
1회 ○ 2회 ○ 3회 ○	1회 ○ 2회 ○ 3회 ○	1회: 초	2회: 초	3회: 초

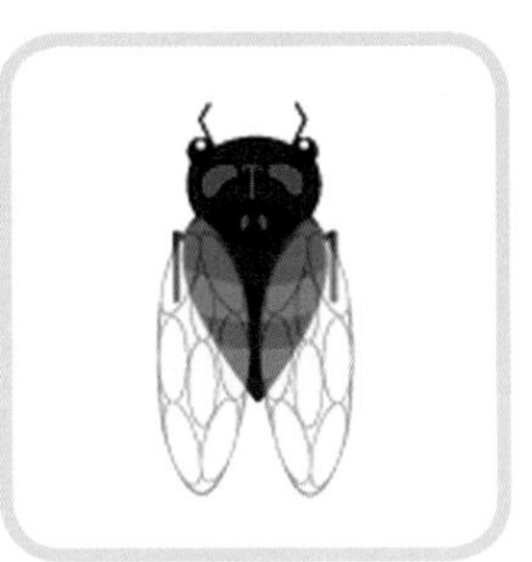

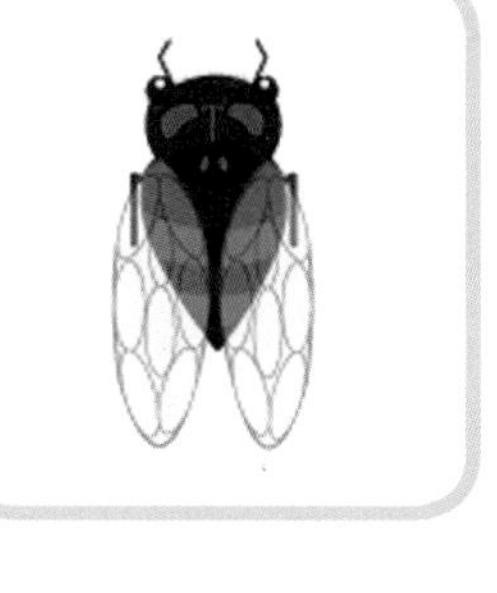

과제 14-3단계 [사물-글자 명명]

낱말 찾기	선생님 따라 읽기	선생님과 같이 읽기	혼자 읽기(15~25초 사이에 읽으면 다음 과제로 넘어가기)		
성공한 횟수:	1회 ○ 2회 ○ 3회 ○	1회 ○ 2회 ○ 3회 ○	1회: 초	2회: 초	3회: 초

개미			바나나		
	바구니	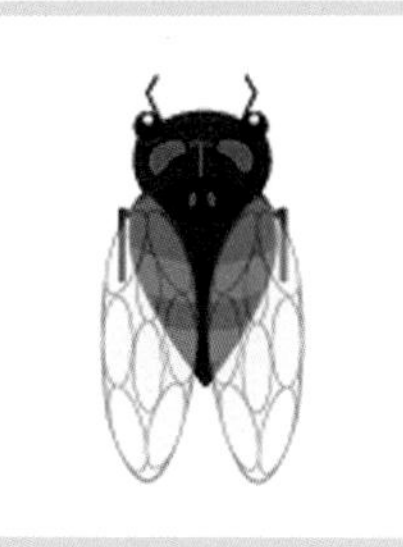	부채	매미	
매미	개미	부채		바나나	고구마

과제 14-4단계 [낱말 확인: 알맞은 낱말에 동그라미하기]

 고구마	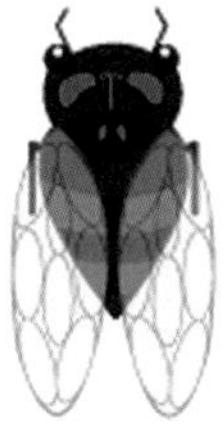 모기	 포도	 바구니	 거미	 부엌
호박	개미	바나나	다리미	개미	주먹
오이	매미	자두	도토리	새우	부채

과제 15

과제 15-1단계 [낱말그림-글자 대응]

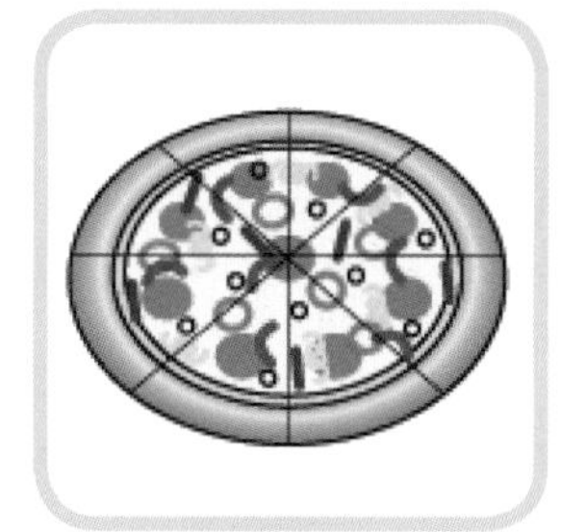

피자	피아노	두더지	치마	하마	시계

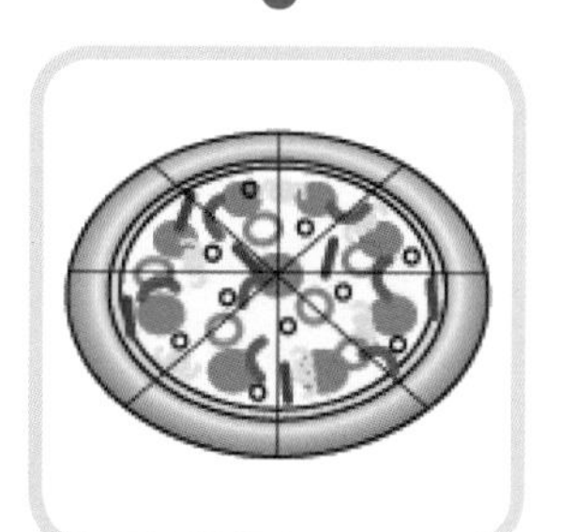

과제 15-2단계 [사물 명명]

선생님 따라 읽기	선생님과 같이 읽기	혼자 읽기(15~25초 사이에 읽으면 다음 과제로 넘어가기)		
1회 ○ 2회 ○ 3회 ○	1회 ○ 2회 ○ 3회 ○	1회: 초	2회: 초	3회: 초

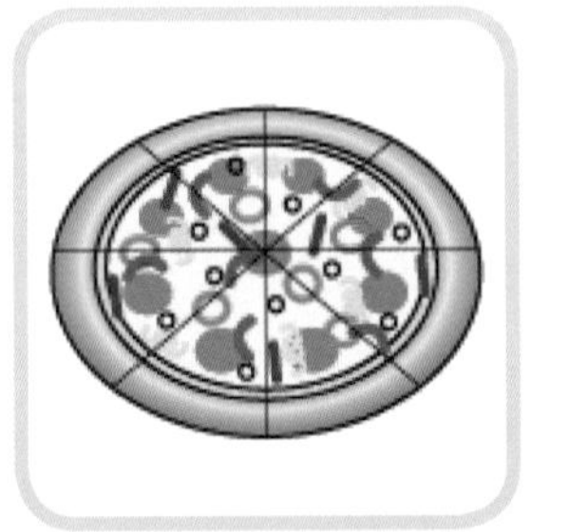

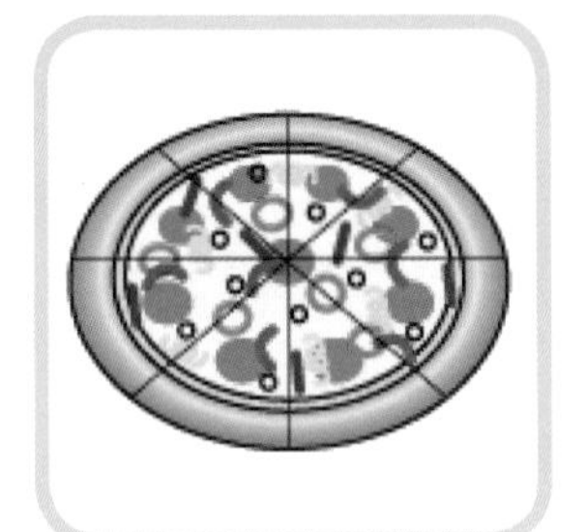

과제 15-3단계 [사물-글자 명명]

낱말 찾기	선생님 따라 읽기	선생님과 같이 읽기	혼자 읽기(15~25초 사이에 읽으면 다음 과제로 넘어가기)		
성공한 횟수:	1회 ○ 2회 ○ 3회 ○	1회 ○ 2회 ○ 3회 ○	1회: 초	2회: 초	3회: 초

피자		시계	하마		피아노
	치마	피자		두더지	
하마	두더지		시계	피자	치마

과제 15-4단계 [낱말 확인: 알맞은 낱말에 동그라미하기]

				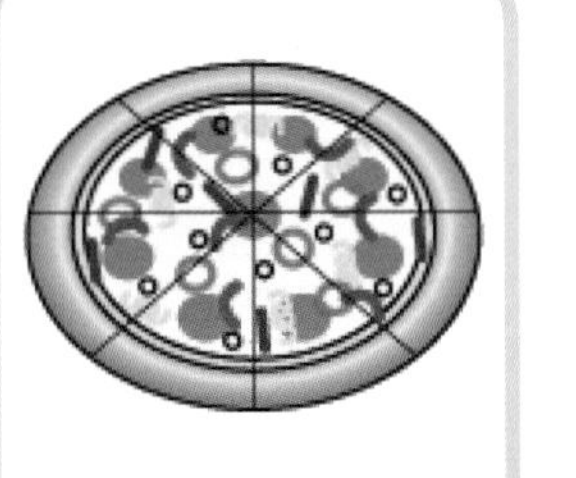	
두더지	바지	하마	기타	피리	바늘
거위	치마	돼지	피리	피망	시계
고래	모자	토끼	피아노	피자	네모

과제 16

과제 16-1단계 [낱말그림-글자 대응]

무지개	도끼	도깨비	그네	조개	하마

과제 16-2단계 [사물 명명]

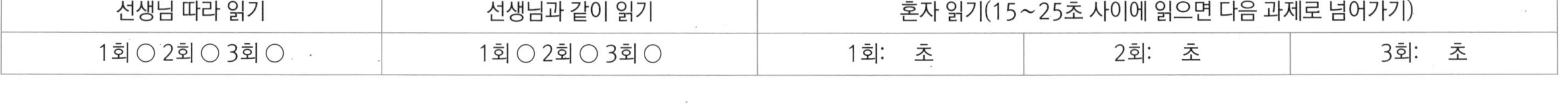

선생님 따라 읽기	선생님과 같이 읽기	혼자 읽기(15~25초 사이에 읽으면 다음 과제로 넘어가기)		
1회 ○ 2회 ○ 3회 ○	1회 ○ 2회 ○ 3회 ○	1회: 초	2회: 초	3회: 초

과제 16-3단계 [사물-글자 명명]

낱말 찾기	선생님 따라 읽기	선생님과 같이 읽기	혼자 읽기(15~25초 사이에 읽으면 다음 과제로 넘어가기)		
성공한 횟수:	1회 ○ 2회 ○ 3회 ○	1회 ○ 2회 ○ 3회 ○	1회: 초	2회: 초	3회: 초

하마

도끼

도깨비

하마

그네

무지개

도끼

조개

도깨비

그네

무지개

조개

과제 16-4단계 [낱말 확인: 알맞은 낱말에 동그라미하기]

무지개	모자	무지개	새우	제비	시소
도깨비	도끼	바구니	조개	오리	그네
바나나	기차	개구리	가재	하마	나사

복습하기 4

음운인식훈련

낱말 빙고

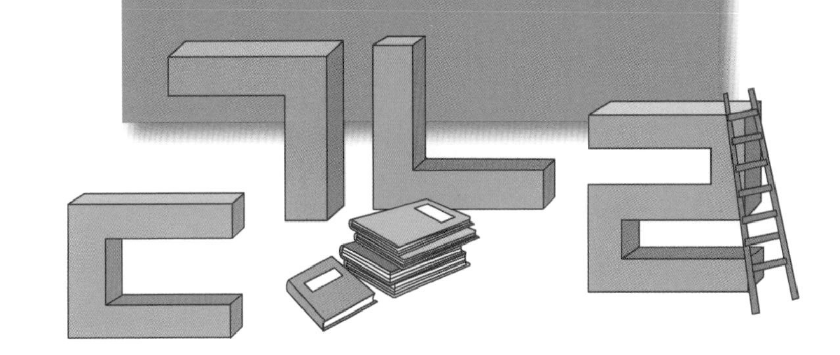

1. 개미, 거미, 개구리에서 첫소리가 다른 것은?

2. 다리, 사다리, 토끼에서 끝소리가 다른 것은?

3. 바구니, 부채, 바나나에서 첫소리가 다른 것은?

4. 개미, 매미, 고구마에서 끝소리가 다른 것은?

 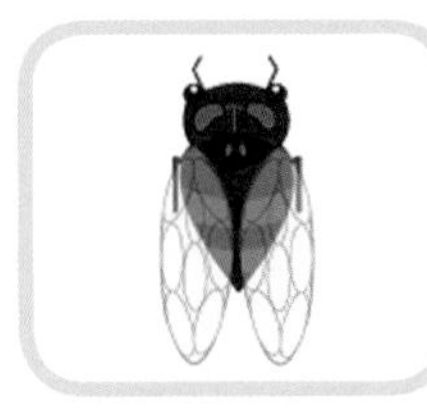 

5. 피자, 시계, 피아노에서 첫소리가 다른 것은?

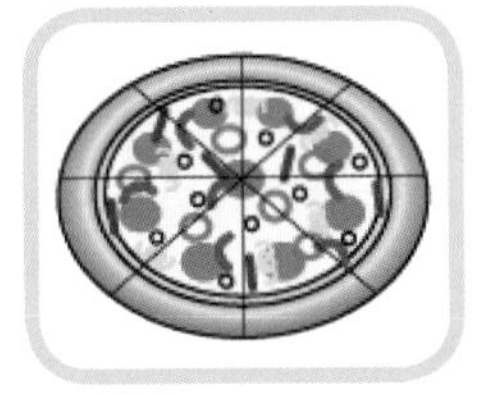  

6. 치마, 하마, 두더지에서 끝소리가 다른 것은?

7. 하마, 도끼, 도깨비에서 첫소리가 다른 것은?

8. 그네, 무지개, 조개에서 끝소리가 다른 것은?

낱말 빙고 4

도끼	도깨비	하마	조개	그네
피자	피아노	시계	하마	치마
두더지	바구니	바나나	부채	거미
다리	사다리	토끼	개미	개구리
피자	시계	두더지	사다리	피아노

부록

1권 아동 반응 기록지

글자-그림카드 맞추기

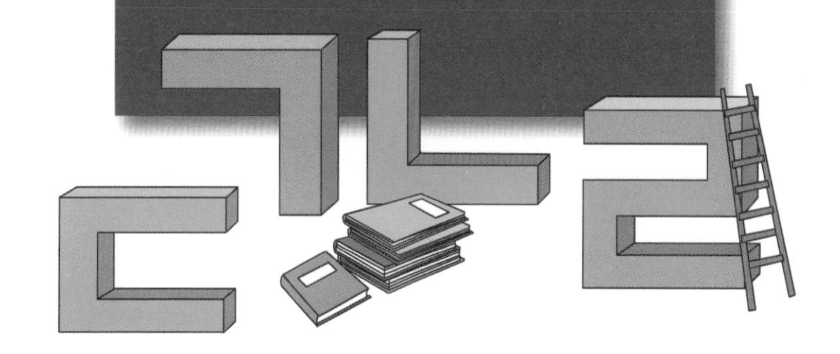

1권 아동 반응 기록지

연습일	과제	낱말	시도 1	시도 2
	1	가지 가재 자두 아기 모기 포도		
	2	나비 나무 아기 가지 바지 그네		
	3	모자 모기 그네 나비 제비 자두		
	4	바지 바다 기타 모자 의자 머리		
	5	사과 사자 가재 바지 돼지 구두		
	6	오리 오이 기차 사자 피자 돼지		
	7	고래 고추 포도 오리 다리 우유		
	8	시계 시소 오이 고래 모래 여우		
	9	기차 기타 시소 고추 배추 버스		
	10	거위 거미 버스 주사 나사 새우		
	11	의사 의자 주사 거위 가위 부채		
	12	다리 다리미 나사 의사 요리사 도토리		
	13	개미 개구리 거미 다리 사다리 토끼		
	14	바구니 바나나 부채 개미 매미 고구마		
	15	피자 피아노 시계 하마 치마 두더지		
	16	도끼 도깨비 하마 조개 무지개 그네		

과제 1, 2 [글자-그림카드 맞추기]

가지	가재	자두	아기	모기
		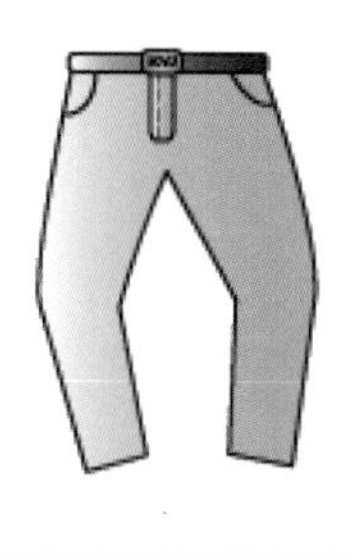		
나비	나무	바지	그네	포도

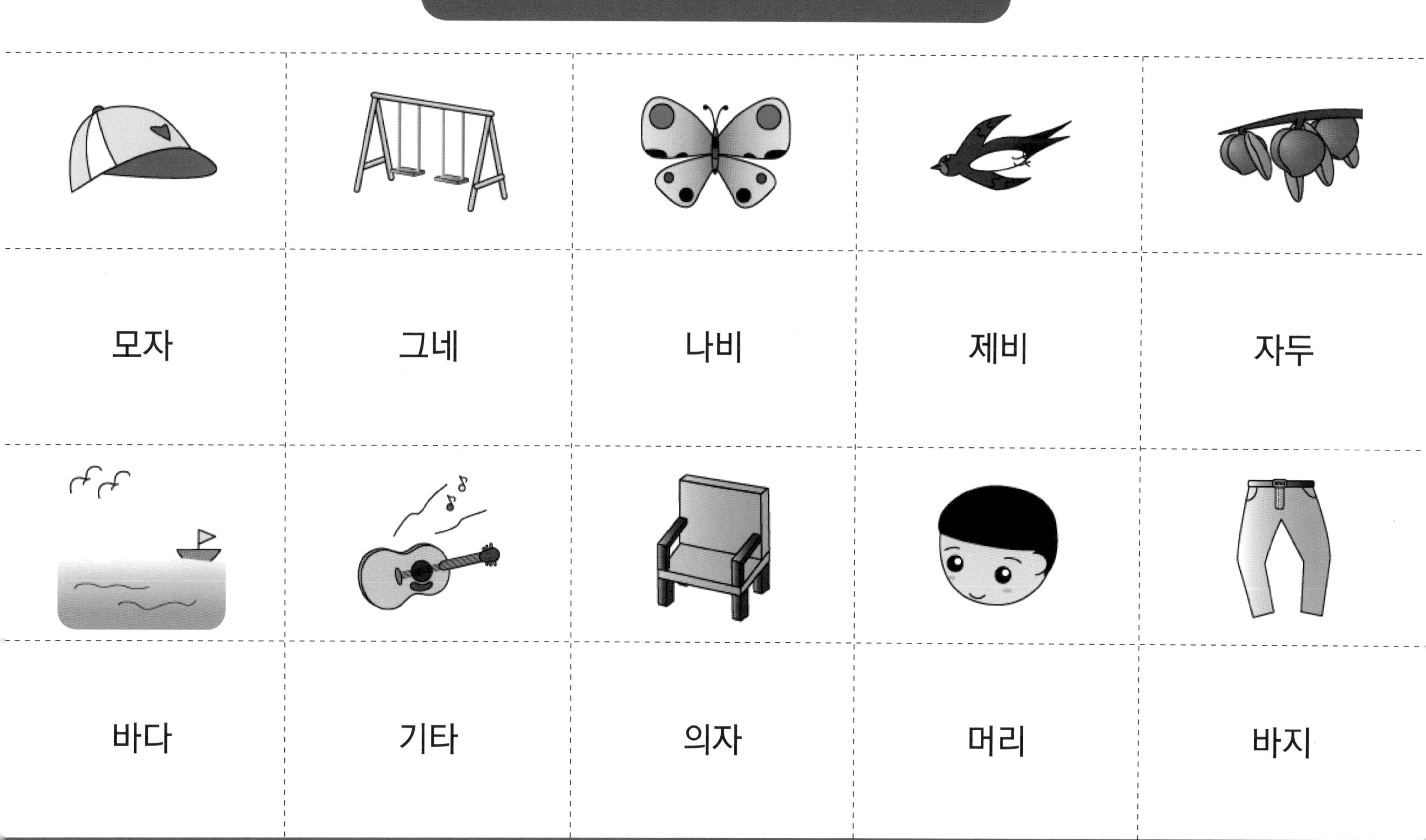
모자
그네
나비
제비
자두
바다
기타
의자
머리
바지

사과
사자
가재
돼지
구두
오이
오리
기차
피자
바지

고래
고추
포도
다리
우유
시소
여우
고래
모래
시계

기차
배추
기타
고추
버스
거위
주사
거미
새우
나사

과제 11, 12 [글자-그림카드 맞추기]

과제 13, 14 [글자-그림카드 맞추기]

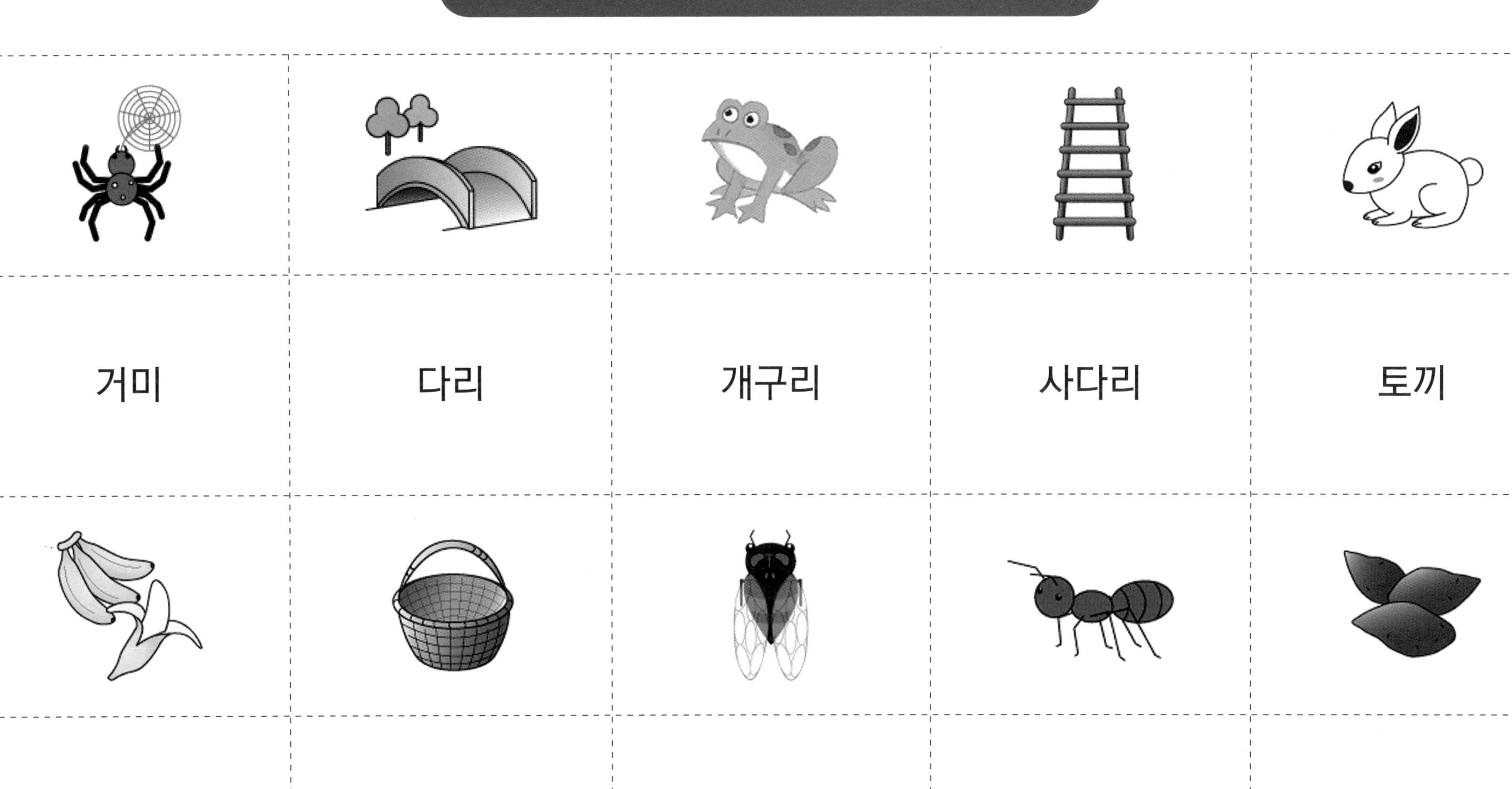

바나나 | 바구니 | 매미 | 개미 | 고구마

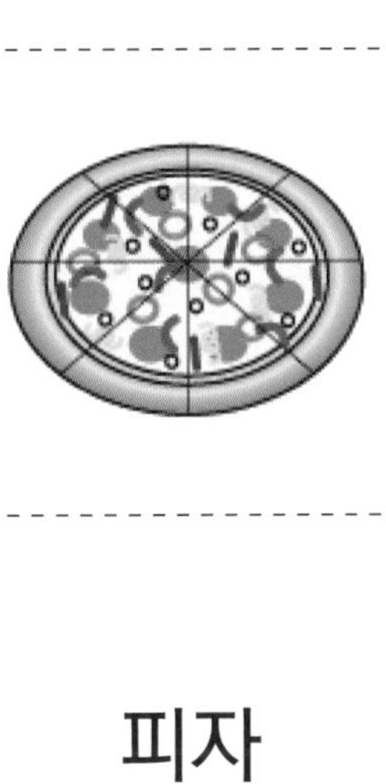				
피자	피아노	두더지	치마	하마

무지개	도끼	도깨비	시계	조개

MEMO

MEMO

MEMO

MEMO

저자소개

김기주
(Kiju Kim)

소리나라 언어발달 심리치료센터 원장
대구대학교 재활과학대학원 석사(언어치료 전공)
부산대학교 특수교육대학원 박사(학습장애 전공)

김자경
(Jakyoung Kim)

부산대학교 특수교육학과 교수
미국 미주리 주립대학교 석, 박사(학습장애 전공)

학령기 아동의 언어치료를 위한

소리나라 한글 배우기 ❶ 받침이 없는 낱말

SORINARA' HANGEUL study for school age children ❶

2015년 1월 10일 1판 1쇄 발행
2024년 1월 25일 1판 4쇄 발행

지은이 • 김기주 · 김자경
펴낸이 • 김진환
펴낸곳 • (주) 학지사
121-838 서울특별시 마포구 양화로 15길 20 마인드월드빌딩
대표전화 • 02)330-5114 팩스 • 02)324-2345
등록번호 • 제313-2006-000265호

홈페이지 • http://www.hakjisa.co.kr
인스타그램 • https://www.instagram.com/hakjisabook

ISBN 978-89-997-0549-6 94370
978-89-997-0548-9 94370 (set)

정가 16,000원